Modul 133: Web-Applikationen realisieren

Realisierung und Test einer Web-Applikation mit PHP anhand eines Beispielprojekts, mit Repetitionsfragen und Antworten

Nico Waldispühl und Markus Ruggiero

D1726899

Modul 133: Web-Applikationen realisieren

Realisierung und Test einer Web-Applikation mit PHP anhand eines Beispielprojekts, mit Repetitionsfragen und Antworten

Nico Waldispühl und Markus Ruggiero

Grafisches Konzept: dezember und juli, Wernetshausen

Satz und Layout: Mediengestaltung, Compendio Bildungsmedien AG, Zürich

Illustrationen: Oliver Lüde, Winterthur

Druck: Edubook AG, Merenschwand

Redaktion und didaktische Bearbeitung: Johannes Scheuring

Artikelnummer: 10983
ISBN: 978-3-7155-9926-7
Auflage: 4., überarbeitete Auflage 2014
Ausgabe: U1024
Sprache: DE
Code: ICT 024

Dieses Buch ist klimaneutral in der Schweiz gedruckt worden. Die Druckerei Edubook AG hat sich einer Klimaprüfung unterzogen, die primär die Vermeidung und Reduzierung des CO_2-Ausstosses verfolgt. Verbleibende Emissionen kompensiert das Unternehmen durch den Erwerb von CO_2-Zertifikaten eines Schweizer Klimaschutzprojekts.

Mehr zum Umweltbekenntnis von Compendio Bildungsmedien finden Sie unter: www.compendio.ch/Umwelt

Inhaltsverzeichnis

Vorwort

Liebe Leserin, lieber Leser

Vorweg schon einmal herzliche Gratulation! Sie haben sich für den Einsatz eines der aktuellsten Lehrmittel der Informatikausbildung entschlossen.

An wen richtet sich die Lernwelt «Informatik»?

Die Lernwelt «Informatik» ist ausgerichtet auf die gültigen Modulbeschreibungen für die Informatik-Grund- und -Weiterbildung. Mit diesem Grundlagenbuch wenden wir uns deshalb an Auszubildende und Unterrichtende

- einer Informatiklehre,
- der Informatikmittelschulen,
- der höheren Berufsbildung und
- von Ausbildungsgängen und Schulungen in der Erwachsenenbildung.

Dank zahlreicher Beispiele, Grafiken, Abbildungen und Übungen mit kommentierten Lösungen eignet sich die Lernwelt «Informatik» auch für das Selbststudium.

Wie Sie mit diesem Lehrmittel arbeiten

Dieses Arbeitsbuch bietet Ihnen mehr als nur einen Lerntext. Deshalb weisen unsere Bildungsmedien eine Reihe von Charakteristiken auf, die Ihnen Ihre Arbeit erleichtern:

- Das **Inhaltsverzeichnis** dient Ihnen als Orientierungshilfe und als Lernrepetition. Fragen Sie sich, was Sie von jedem Kapitel erwarten, und überprüfen Sie anschliessend an das Bearbeiten des Lerntexts, was Sie jetzt zu den einzelnen Teilen wissen.
- Wissen Sie gerne im Voraus, wofür Sie Ihre kostbare Zeit einsetzen? Kein Problem, lesen Sie die **Lernziele** vor der Lektüre des entsprechenden Teils. An gleicher Stelle finden Sie auch eine Auflistung der **Schlüsselbegriffe.**
- Die einzelnen Lerneinheiten werden durch eine **Zusammenfassung** abgeschlossen. Sie greift die wichtigsten Punkte des vorangegangenen Texts nochmals auf und stellt sie in den richtigen Zusammenhang.
- Nach dem Durcharbeiten der einzelnen Lerneinheiten können Sie anhand der **Repetitionsfragen** überprüfen, ob Sie das Gelernte verstanden haben. Die **Lösungen** zu diesen Repetitionsfragen finden Sie im Anhang des Buchs. Bitte beachten Sie, dass die Übungen nicht fortlaufend nummeriert sind; die Nummern dienen lediglich zum Auffinden der Lösung.
- Nutzen Sie das **Glossar;** schlagen Sie dort nach, wenn Sie einen Begriff nicht verstehen.
- Das **Stichwortverzeichnis** beschliesst das Lehrmittel. Sie können es benutzen, wenn Sie einzelne Abschnitte zu bestimmten Schlagwörtern nachlesen wollen.
- Unter http://www.compendio.ch/Bildungsmedien/Downloads.asp?Titel=1650 stellen wir Ihnen den fertigen Quellcode des Beispielprojekts zur Verfügung.

Wer steht hinter der Lernwelt «Informatik»?

Die erfahrenen Lehrmittelentwickler von Compendio Bildungsmedien haben die Lernwelt «Informatik» zusammen mit ausgewiesenen Fachleuten und Kennern der Informatikausbildung konzipiert und realisiert.

Dank gebührt allen, die trotz grossem Zeitdruck mit Rat und Tat am Konzept und an der Ausarbeitung mitgewirkt haben.

In eigener Sache

Um den Text dieses Lehrbuchs möglichst einfach und verständlich zu halten, wurde bewusst auf die weibliche Form bei Substantiven wie z. B. Kundin, Anwenderinnen verzichtet.

Haben Sie Fragen oder Anregungen zu diesem Lehrmittel? Über unsere E-Mail-Adresse postfach@compendio.ch können Sie uns diese gerne mitteilen. Sind Ihnen Tipp- oder Druckfehler aufgefallen, danken wir Ihnen für einen entsprechenden Hinweis über die E-Mail-Adresse korrekturen@compendio.ch.

Wir wünschen Ihnen mit diesem Lehrmittel viel Spass und Erfolg.

Zürich, im Februar 2014

Andreas Ebner, Unternehmensleiter
Nico Waldispühl, Autor
Markus Ruggerio, Autor
Johannes Scheuring, Redaktor

Über dieses Lehrmittel

Inhalt und Aufbau dieses Lehrmittels

In diesem Lehrmittel lernen Sie die Grundlagen der populären Scriptsprache PHP kennen, mit der Sie auf einfache Art und Weise eine **Web-Applikation**[1] erstellen können. Weiter wird Ihnen vermittelt, welche Aspekte bezüglich der Sicherheit einer Applikation im Web relevant sind und wie Sie diese berücksichtigen können.

- Im **Teil A** lernen Sie die technischen Grundlagen von Web-Applikationen kennen. Ebenfalls lernen Sie hier, welche Werkzeuge und Entwicklungsumgebungen beim Erstellen einer (PHP-)basierten Web-Applikation hilfreich sind.
- Schon vor dem ersten Tastendruck des Programmierens laufen bei einem Softwareprojekt etliche Entscheidungsprozesse ab. Im **Teil B** lernen Sie, wie Sie die Anforderungen an die neue Software aufnehmen und in einen Entwurf umsetzen.
- Der **Teil C** ist ganz der Programmierung gewidmet. Hier lernen Sie die Sprache PHP kennen und einsetzen.
- Im **Teil D** lernen Sie, wie und nach welchen Kriterien eine Web-Applikation getestet wird und wie Sie die Tests dokumentieren.
- Der **Anhang** schliesslich enthält eine Gesamtzusammenfassung, Antworten zu den Repetitionsfragen, ein Glossar und ein Stichwortregister.

Mit PHP kann objektorientiert programmiert werden, auch wenn PHP selbst keine reine oo-Sprache ist. Die objektorientierte Programmierung ist nicht Ziel dieses Lehrmittels. Aus diesem Grund wird die objektorientierte Programmierung mit PHP nur in einem kurzen Abschnitt vorgestellt, PHP im Weiteren aber prozedural eingesetzt.

Dieses Lehrmittel liefert die Grundlage für den Erwerb folgender Kompetenzen

1. Vorgabe analysieren, Funktionalität entwerfen und Realisierungsschritte festlegen.
2. Konzept für die Realisierung erarbeiten und für die Tests einen Testplan erstellen.
3. Formularüberprüfungen mit client- und serverseitigen Scripts realisieren.
4. Web-Applikation mit einer Scriptsprache (PHP, ASP) und / oder einer Programmiersprache (Java) unter Berücksichtigung sicherheitsrelevanter Anforderungen programmieren.
5. Web-Applikation gemäss Testplan auf Funktionalität und Sicherheit überprüfen, Testergebnisse festhalten und allenfalls erforderliche Korrekturen vornehmen.
6. Quellcode zur Gewährleistung der Wartbarkeit kommentieren.

---

[1] Der Begriff «Web-Applikation» ist sehr weit gefasst. In diesem Lehrmittel wird er für alle webbasierten Scripts verwendet, die eine bestimmte Aufgabe erfüllen, unabhängig von ihrer Komplexität.

Technische / methodologische Voraussetzungen

Um die vorgestellten Programmbeispiele auf dem eigenen PC ausführen zu können, ist folgende Konfiguration notwendig:

PC (Linux®, Microsoft Windows, Mac OS X) mit

- installiertem Apache®-Webserver und installierter MySQL®-Datenbank,
- installierter PHP® (Version > 5),
- Internet-Browser neuerer Generation,
- Editor zur Bearbeitung von PHP-Code (idealerweise mit Syntax-Highlighting[1]).

Hinweis

▷ Wir stellen Ihnen den Quellcode des in diesem Lehrmittel behandelten Beispielprojekts für Übungszwecke auch in elektronischer Form zur Verfügung. Nutzen Sie dazu den entsprechenden Verweis unter «Nützliche Links zum Thema».

Für die Bearbeitung dieses Lehrmittels werden folgende Kenntnisse und Fähigkeiten vorausgesetzt

- Gute PC-Kenntnisse
- Fundierte Grundkenntnisse in HTML (übereinstimmend mit dem Modul 101: Webauftritt gestalten und realisieren)
- Aufbau von Datenbanken, SQL (übereinstimmend mit dem Modul 104: Daten modellieren und bearbeiten)

Nützliche Literatur

Autor / Herausgeber	Buchtitel	ISBN	Jahr
Krause, Jörg	PHP 5. Grundlagen und Profiwissen	978-3-446-40334-5	2005
Lerdorf, Rasmus; Tatroe, Kevin; MacIntyre, Peter	Programmieren mit PHP	978-3-89721-473-6	2006
Sklar, David et al.	PHP 5 Kochbuch	978-3-89721-904-5	2009
Williams, Hugh E.; Lane, David	Web-Datenbank-Applikationen mit PHP und MySQL	978-3-89721-387-6	2004

[1] Englisch für: Auszeichnung der Syntax oder Markierung des Codes. Funktion, die automatisch verschiedene Code-Elemente erkennt und kennzeichnet (beispielsweise verschiedenfarbig markiert).

Nützliche «Links» zum Thema

Thema	Link	Beschreibung
PHP	http://www.w3schools.com/php/default.asp	PHP Tutorial
	http://php.net	Offizielle PHP-Homepage
Entwicklungs-umgebungen und Editoren	http://www.eclipse.org	Eclipse
	http://projects.eclipse.org/projects/tools.pdt	PDT, PHP Development Toolkit für Eclipse
	http://www.zend.com/de/products/studio/	Zend Studio
	http://notepad-plus-plus.org	Notepad++ (Windows)
	http://www.barebones.com/products/bbedit/	BBEdit (Mac OS X)
	http://www.jedit.org	Open Source Editor
Frameworks	http://www.zend.com/de/community/framework	Zend PHP Framework
	http://api.jquery.com	jQuery, Client Side JavaScript
	http://jqueryui.com	jQueryUI, Client Side JavaScript für grafische Benutzerschnittstellen
	http://jquerymobile.com	jQueryMobile, Client Side JavaScript für grafische Benutzerschnittstellen für Mobilgeräte
	http://www.w3schools.com/js/default.asp	JavaScript Tutorial
	http://www.w3schools.com/html/html5_intro.asp	HTML5 Tutorial
	http://www.w3schools.com/css/default.asp	CSS Tutorial

Teil A   Grundlagen

Einleitung, Lernziele und Schlüsselbegriffe

Einleitung

In diesem Teil lernen Sie die technischen Grundlagen von Web-Applikationen kennen. Sie lernen, wie eine Web-Applikation aufgebaut ist und welche Besonderheiten gegenüber einer «klassischen» Desktopanwendung[1] zu berücksichtigen sind. Ebenfalls werfen wir einen Blick auf Entwicklungswerkzeuge und schauen uns die Benutzerschnittstelle im Webbrowser genauer an.

Lernziele

	Lernziele	Lernschritte
☐	Sie kennen die technischen Grundlagen einer Web-Applikation.	• Wie funktioniert das Web? • HTML und CSS • Serverseitige Programmierung • Clientseitige Programmierung • Applikation und Sitzungsverfolgung
☐	Sie wissen, welche Entwicklungsumgebungen und Werkzeuge eingesetzt werden können.	• Serverseitige Entwicklungswerkzeuge • Clientseitige Entwicklungswerkzeuge • Frontendentwicklung mit JavaScript und HTML5 • Übersicht und typische Einsatzgebiete von Frameworks
☐	Sie kennen die Interaktionsmöglichkeiten des Benutzers mit einer Web-Applikation.	• Formulare und Formularelemente • Zusammenspiel Frontend / Backend

Schlüsselbegriffe

HTTP, GET-Anfrage, CGI, HTML, Tag, CSS, Frontend, Backend, serverseitiges Script, clientseitiges Script, JavaScript, Cookie, personalisierte Dienste, Session, Sitzung, IDE, PHP, Debugger, Syntaxhervorhebung, JavaApplet, Framework, AJAX, jQuery

[1] Englisch für: Schreibtischanwendung, ein Programm, das auf einem Schreibtischrechner z. B. unter Windows, Linux oder Mac OS X läuft.

1 Technische Grundlagen

Bestimmt haben Sie schon einmal im Internet gesurft. Sie können in die Adresszeile Ihres Browsers die Adresse einer Webseite eingeben und diese erscheint – je nach Art der Verbindung zum Internet – mehr oder weniger schnell auf Ihrem Bildschirm. Was dabei genau abläuft, erfahren Sie in den folgenden Kapiteln.

1.1 Wie funktioniert das Web?

Wenn Sie mit dem Webbrowser eine **URL**[1] aufrufen (z. B. http://www.server.com/seite.html), passiert Folgendes:

1. Der Browser sendet eine Anfrage für die gewünschte Seite an den entsprechenden Server (www.server.com).
2. Der Server sucht die Seite heraus, die in der Adresse steht (seite.html) und sendet sie an den Browser zurück.
3. Der Browser zeigt die erhaltene Seite im richtigen Format an.

Folgende Abbildung soll diesen Vorgang verdeutlichen:

[1-1]   Kommunikation zwischen Browser und Server

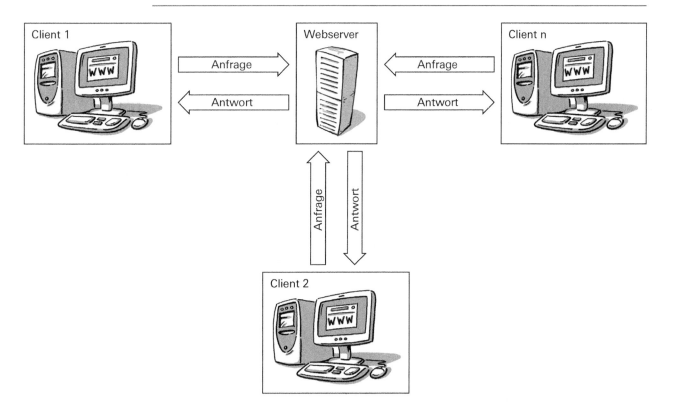

Zur Kommunikation benutzen beide Parteien – Browser und Server – dieselbe «Sprache», dasselbe **Protokoll; HTTP**[2]. HTTP besteht aus einfachen Anweisungen, die von allen Browsern und Servern verstanden werden.

[1] Abkürzung für «Uniform Resource Locator» (engl. für: einheitliche Ressourcenadresse). URL-Adressen werden von den Webbrowsern benötigt, um Ressourcen (Dateien, Formulare etc.) im Internet zu lokalisieren.

[2] Abkürzung für: Hypertext Transfer Protocol (engl. für: Hypertext-Übertragungs-Protokoll).

Die oben beschriebene Anfrage des Browsers wird z. B. wie folgt übermittelt (Schritt 1):

```
GET /seite.html HTTP/1.0
```

Hierbei fordert der Browser mit dem Befehl **GET**[1] eine Seite an. Im Anschluss daran wird das verwendete Protokoll angegeben.

Der Server sendet nun, falls die Suche nach der Seite erfolgreich war, folgenden Code zurück (Schritt 2):

```
HTTP/1.1 200 OK
Date: Sun, 01 Sep 2002 08:23:56 GMT
Server: FrontPage/5.0.2.2510 Signature/2.0 Apache/1.3.26 (Unix)
Last-Modified: Thu, 11 Feb 1999 13:45:31 GMT
Etag: "166b2e1-2fc-36c2d751"
Accept-Ranges: bytes
Content-Length: 764
Connection: close
Content-Type: text/html

<?xml version="1.0" encoding="UTF-8"?>
<!DOCTYPE html PUBLIC "-//W3C//DTD XHTML 1.0 Strict//EN"
"http://www.w3.org/TR/xhtml1/DTD/xhtml1-strict.dtd">
<html xmlns="http://www.w3.org/1999/xhtml" xml:lang="de"lang="de">
<head>
  <title>Seitentitel</TITLE>
</head>
<body>
Seitentext
</body>
</html>
```

In der ersten Zeile sendet der Server eine Meldung, ob er die Seite gefunden hat. Dort werden auch allfällige Fehler aufgeführt. Anschliessend folgen Informationen über die Übertragung und den Server. Dann folgt endlich nach einer Leerzeile der eigentliche Inhalt der Rückgabe: die HTML-Seite.

Für jedes Element einer Webseite (z. B. Bilder) generiert der Browser eine neue **GET-Anfrage.** Zwischen den einzelnen Anfragen hingegen besteht keine Verbindung zwischen dem Server und dem Browser. Aus diesem Grund bezeichnet man dieses Protokoll als «verbindungslos»: Es existiert keine bleibende Verbindung.

Diese Verbindungslosigkeit macht HTTP sehr einfach und hat einen grossen Beitrag dazu geleistet, dass dieses Protokoll heute so verbreitet ist. Gleichzeitig ist diese Eigenschaft aber auch eine Schwäche: Für komplexere Anwendungen, wo man darauf angewiesen ist, mehrere Anfrage- und Antwortzyklen in einem Gesamtzusammenhang zu sehen, sind weitere Techniken notwendig. Vergleichen Sie dazu das Kapitel 1.5, S. 19.

Hinweis

▷ Die komplette **HTTP-Spezifikation** finden Sie im Internet auf der Site des World-Wide-Web-Consortiums: http://www.w3.org/Protocols/.

Bisher war die Rede davon, dass ein Server eine Datei, die angefordert wird, zurücksendet. Wenn wir jedoch eine Web-Applikation realisieren, ist klar, dass die Dateien dynamisch erstellt werden müssen. Es ja vorab nicht bekannt, was ein Benutzer genau machen will und welche Informationen er beispielsweise aus einem Katalog abruft. Die Antwortdatei, die der Webserver ausliefert, kann also erst direkt vor der Auslieferung erstellt werden.

[1] Englisch für: erhalten, nehmen, anfordern.

Dies ist die eigentliche Aufgabe einer Web-Applikation: Erstellen von dynamisch erstellten Antworten als Reaktion auf Benutzerinteraktion im Browser. Mithilfe der **CGI**[1]**-Schnittstelle** ist es möglich, dass der Server, statt eine Webseite direkt zurückzusenden, ein Programm ausführt, das dann seinerseits eine Seite generiert, die der Server zurücksenden kann. Mit anderen Worten: CGI stellt die Schnittstelle zur Verfügung, damit der Server mit einem solchen Programm **kommunizieren** kann, und ist gleichzeitig die Grundlage für die **dynamische Seitengenerierung.**

Wenn ein Internet-Benutzer eine dynamische Seite anfordert, passiert Folgendes:

1. Der Client fordert die Seite an und der Webserver erkennt sie anhand ihrer Dateiendung als dynamische Seite.
2. Der Webserver startet das dafür verantwortliche CGI-Programm und übergibt dem Programm den Aufruf, den er bereits vom Benutzer erhalten hat.
3. Das CGI-Programm führt das Script aus, das in der gewünschten Seite gespeichert ist. Dabei werden allfällige Werte, die vom Benutzer mitgegeben wurden, berücksichtigt. Das Resultat bzw. den Output gibt das CGI-Programm an den Webserver zurück.
4. Der Webserver wiederum leitet das Resultat bzw. den Output an den Internet-Benutzer zurück, der die Seite angefordert hat. Diese wird beim Benutzer angezeigt.

Folgende Abbildung soll diesen Vorgang verdeutlichen:

[1-2]   Funktionsweise der dynamischen Seitengenerierung über CGI

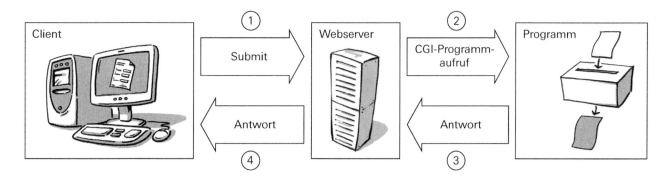

Es gibt ein breites Einsatzspektrum für solche dynamischen Vorgänge. Immer wenn es darum geht, Information zu speichern, zu verarbeiten oder sich verändernde Daten darzustellen, bieten sich solche «Programme» (künftig **Scripts** genannt, da PHP eine Scriptsprache ist) an.

Populäre **Einsatzgebiete** sind u. a. folgende:

- Blogs
- Shops
- Newssysteme
- Adressdatenbanken
- Terminlisten, die sich häufig ändern
- Etc.

[1] CGI, Abkürzung des engl. Ausdrucks Common Gateway Interface, Standardisierte Übergabeschnittstelle.

1.2 HTML und CSS

HTML[1] ist eine einfach aufgebaute Sprache zur Strukturierung von Informationen. Sie schreiben Ihren Text und markieren mit HTML-Anweisungen, sog. Tags[2], wo ein Textabschnitt beginnt und endet, welches Überschriften, Listen oder Bilder sind etc. Jedes Tag bildet dabei eine Klammer um das auszuzeichnende Element:

```
<p>Dies ist ein Textabschnitt</p>
<ul><li>Erster Listeneintrag</li><li>Zweiter Listeneintrag</li></ul>
```

Hier dient das Tag `<p>` dazu, den Beginn eines Textabschnitts zu markieren, `</p>` markiert das Ende. Das Paar `<ul>` `</ul>` steht für eine ungeordnete Liste und `<li></li>` zeichnet einen einzelnen Listeneintrag aus. Aktuell ist der Standard XHTML 1.1. Seit einiger Zeit setzt sich der Standard HTML5 durch. Dieser ist weniger streng in den Anwendungsregeln und bietet neue sehr interessante Möglichkeiten. HTML wird vom Webbrowser interpretiert. Eine Web-Applikation muss ihre Benutzerschnittstelle in Form von HTML-Anweisungen erzeugen.

Während HTML der Strukturierung von Informationen dient, verwendet man CSS[3] zur Beschreibung der Darstellung. Die Grundidee besteht darin, dass derselbe Textinhalt ganz unterschiedlich dargestellt werden kann. Dies ändert an der Struktur eines Texts nichts; eine Überschrift bleibt eine Überschrift und ein Textabsatz ist immer ein Textabsatz.

CSS-Anweisungen können direkt in ein HTML-Dokument geschrieben werden, besser ist es jedoch, die Darstellungsangaben in separate Textdateien zu schreiben und diese Dateien in Form von Links einzubinden. Das folgende Beispiel zeigt, wie Sie z. B. eine Liste so formatieren können, dass die Textfarbe rot ist und ein Kerzensymbol für die Listenpunkte verwendet wird:

```
ul {color: red; list-style-image:url(kerze.gif)}
```

Einbinden können Sie eine CSS-Datei ganz einfach im HTML. Fügen Sie im Kopfbereich (innerhalb von `<head>`...`</head>` folgende Zeile ein:

```
<link rel="stylesheet" type="text/css" href="formate.css">
```

In diesem Beispiel enthält die Datei `formate.css` die CSS-Angaben.

Wenn Sie eine Web-Anwendung erstellen, müssen Sie sich mit HTML und CSS auseinandersetzen. Im vorliegenden Lehrmittel wird davon ausgegangen, dass Sie bereits einige grundlegende Kenntnisse zu HTML und CSS haben.

1.3 Serverseitige Programmierung

Eine Web-Applikation besteht immer aus (mindestens) zwei Teilen: Da ist erstens der Server (oftmals **Backend**[4] genannt), auf dem die eigentliche Applikation läuft, und zweitens der Webbrowser des Benutzers (auch als **Frontend**[5] bezeichnet), der für die Anzeige der Inhalte und die Interaktion mit dem Benutzer zuständig ist.

[1] HTML steht für HyperText Markup Language.

[2] Tag, engl. für: Markierung, Etikette.

[3] CSS ist die Abkürzung von Cascading Style Sheet.

[4] Englisch für hinteres Ende, Hinterteil.

[5] Englisch für vorderes Ende, Vorderteil.

Für die Programmierung der Serverapplikation stehen verschiedene Sprachen und Umgebungen zur Verfügung. Dabei unterscheidet man zwischen Script und kompiliertem Programm. Ein Script ist ein Programm, dessen Anweisungen erst im Moment der Ausführung in eine lauffähige Form gebracht werden. Bei einem kompilierten Programm werden die Programmanweisungen durch den Entwickler vorab in ein lauffähiges Programm übersetzt. Für kleinere und mittlere Web-Projekte haben sich interpretierte Scriptsprachen bewährt, während man bei grossen komplexen Projekten eher auf kompilierte Programme setzt. Oftmals findet man Mischformen, wobei Teile der Anwendung kompiliert sind und andere Teile als Script realisiert werden.

Die folgende Tabelle enthält eine Liste der am meisten genutzten **Script- und Programmiersprachen.**

Bezeichnung	Vollständiger Name	Form	Typische Dateiendung
ASP.NET VBS.NET	Active Server Pages / VBScript	Kompiliert und Script	**.asp / .aspx**
Cold Fusion		Script	**.cfm**
Java		Kompiliert	**.java**
JSP	Java Server Pages	Kompiliert und Script	**.jsp**
PERL	Practical Extraction and Report Language	Script	**.cgi / .pl**
PHP	Hypertext Preprocessor	Script	**.php**
Python		Script	**.py**

Die in der obigen Tabelle aufgeführten Sprachen haben gemein, dass sie nur auf dem Server ablaufen. Der Benutzer sendet über seinen Browser Daten an den Server. Der Server leitet die Daten über die CGI-Schnittstelle an das entsprechende Script weiter. Das Script wiederum verarbeitet die Daten und sendet die Resultate zurück an den Webserver. Dieser erst leitet die Daten an den Benutzer zurück. Der Benutzer kommt also nie direkt in Kontakt mit dem Script, das seine Daten verarbeitet. Weil es nur auf dem Server läuft, nennt man es **serverseitig.**

Folgende Abbildung soll diesen Vorgang verdeutlichen:

[1-3]   Der Client hat keinen direkten Kontakt mit einem serverseitigen Script

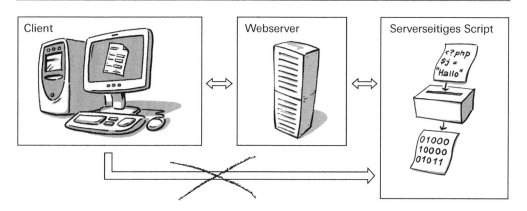

Die folgende Tabelle zeigt, welche Vor- und Nachteile serverseitige Programmierung hat und wo typische Einsatzgebiete liegen:

	Serverseitige Scripts
Vorteile	• Kann zur dauerhaften Datenspeicherung eingesetzt werden, da die Interaktion mit einer Datenbank möglich ist. • Der Quellcode kann vom Benutzer nicht eingesehen werden. • Der Benutzer hat keinen Einfluss auf die Daten, die verarbeitet werden. • Höhere Sicherheit.
Nachteile	• Vergleichsweise langsam, weil die Daten immer zwischen mehreren Stationen hin und her geschickt werden (Browser – Server – Script – Server – Browser).
Einsatzgebiete	• Aufgaben, die eine Datenbank-Anbindung bedingen, oder solche, deren Datenfluss vom Benutzer nicht eingesehen werden soll. Beispiel: jegliche Arten von Web-Applikation, die auf eine zentrale Datenspeicherung angewiesen ist.

In diesem Lehrmittel wird die Scriptsprache **PHP** besprochen. Weil PHP relativ einfach zu lernen ist, hat diese Scriptsprache in den letzten Jahren enorm an Popularität gewonnen. Die meisten Webhoster haben PHP auf ihren Servern installiert. Da es sich beim PHP-Interpreter um eine Open-Source-Software handelt, die kostenlos erhältlich und auf den wichtigsten Webservern lauffähig ist, wird diese Sprache für Informatikbetriebe und interessierte Privatpersonen gleichermassen zu einem attraktiven Produkt.

1.4 Clientseitige Programmierung

Moderne Webbrowser können sehr viel mehr als nur HTML-Seiten darstellen. Sie enthalten komplexe Script Interpreter. Eine typische (und heute am meisten eingesetzte) **clientseitige** Sprache ist JavaScript. Alle modernen Browser können sehr gut mit **JavaScript** umgehen. Der JavaScript-Code wird zusammen mit den Webseiten auf den Computer des Benutzers übertragen und erst dort ausgeführt. JavaScript ist eine sehr mächtige Sprache, die eng mit HTML und CSS verknüpft ist. In den letzten Jahren hat sich JavaScript von einer Sprache für einfache Aufgaben und solche, die keine Interaktion mit anderen Teilen des Servers (z. B. einer Datenbank) bedingen, zu einer Sprache für komplexe Applikationen entwickelt. Heute werden mit JavaScript ganze Web-Anwendungen geschrieben, die vollständig im Browser des Benutzers ablaufen. Solche Applikationen können Netzwerkverbindungen zu einem Server aufbauen und beliebige Daten austauschen. Umfangreiche Bibliotheken erlauben es den Programmierern, raffinierte und auch sehr komplexe Benutzerinteraktionen einfach zu programmieren.

Ein gewichtiger Nachteil der clientseitigen Programmierung ist die (fehlende) Sicherheit: Der Benutzer kann den Code jederzeit einsehen und die Daten verändern, die verarbeitet werden. Dieses Manko existiert bei serverseitigen Scripts nicht, weil dort der ganze Datenverkehr zuerst vom Server abgewickelt wird.

	Clientseitige Scripts
Vorteile	• Sehr schnell, da keine Daten an den Server übertragen werden müssen.
Nachteile	• Geringere Sicherheit, da sich der komplette Quellcode auf dem Computer des Benutzers befindet und eingesehen werden kann. • Nicht geeignet zur Kommunikation mit Datenbanken oder Dateien, folglich nur begrenzte Möglichkeiten zum Lesen und dauerhaften Abspeichern von Daten.
Einsatzgebiete	• Aufgaben, die weder sicherheitskritisch sind noch die Verarbeitung von grösseren Datenmengen bedingen. Beispiele: Abfrage in einem Formular, ob man alle Felder ausgefüllt hat. Berechnung des aktuellen Datums.

Wenn Sie die Einsatzbereiche von clientseitiger und serverseitiger Programmierung vergleichen, wird deutlich, dass client- und serverseitige Scripts unterschiedliche Einsatzgebiete kennen und sich deshalb nicht konkurrenzieren, sondern vielmehr ergänzen: Mit einem Einsatz beider Technologien können Sie ein Maximum an Geschwindigkeit und Benutzerfreundlichkeit erreichen.

Beispiel

Als Beispiel lässt sich ein Blog anführen: Mit einem clientseitigen Script wird geprüft, ob der Benutzer alle notwendigen Felder seines Beitrags ausgefüllt hat. Erst wenn diese Bedingung erfüllt ist, wird der Eintrag an den Server geschickt. Lässt man eine solche Eingabeprüfung vom serverseitigen Script erledigen, muss das Datenpaket im schlimmsten Fall mehrmals zwischen dem Browser und dem Server hin- und hergeschickt werden, bis der Eintrag vom Server (bzw. vom Script) akzeptiert wird. Eine Belastungsprobe für Benutzer und Internet.

1.5 Applikationen und Sitzungsverfolgung

1.5.1 Cookies

Cookies[1] sind kleine Datenpakete. Sie können von einem Webserver mithilfe des Browsers beim Benutzer gespeichert werden. Cookies bestehen nur aus einem **Namen** und einem **Text,** sind also keine Programme oder sonstige aktive Inhalte.

Wozu werden Cookies eingesetzt?

Cookies sind die einfachste Möglichkeit des Webservers (und damit des Webengineers), eine Spur beim Besucher zu hinterlassen. Da eine normale Internet-Session[2] auf einem verbindungslosen Protokoll basiert, lässt sich ohne Cookies nur sehr schwer feststellen, ob ein Benutzer bereits einmal auf einer Webseite war.

Cookies werden immer dann eingesetzt, wenn es darum geht, **personalisierte Dienste** anzubieten. Solche Dienste sind darauf angewiesen, zu wissen, ob jemand neu hinzugestossen ist oder schon mehrmals zu Besuch war.

Beispiele

* Systeme, in die sich ein Benutzer einloggen muss (z. B. Webmail-Clients oder Telebanking-Systeme)
* Shops, die einem Benutzer einen Warenkorb zuweisen, solange er auf der Webseite bleibt
* Webseiten, die ermitteln, welche individuellen Einstellungen (z. B. Farbeinstellungen) ein Benutzer schätzt, um ihm die betreffende Seite künftig immer so zu präsentieren

Merke: Cookies bieten sich überall dort an, wo es wichtig oder nötig ist, einen Benutzer zu identifizieren.

Sind Cookies gefährlich?

Cookies werden zwar auf die Festplatte des Benutzers geschrieben, aber da sie nur aus einem String bestehen und sich nicht wie ein Virus verbreiten oder unkontrollierte Aktionen ausführen, sind sie ungefährlich. Cookies können also z. B. weder Daten löschen noch Mails versenden oder sich reproduzieren.

---

[1] Englisch für: Kekse.
[2] Vergleichen Sie dazu das Kapitel 9.4.4, S. 122.

Mit Cookies kann ein Webserver Text auf dem Computer des Benutzers speichern und später wieder lesen. Es ist also möglich, Rückschlüsse aus dem Verhalten des Benutzers zu ziehen. Dadurch geht ein Stück Anonymität verloren. Folglich ist es also nicht möglich, mithilfe von Cookies die Identität eines Benutzers zu ermitteln, sondern nur zu verfolgen, welchen Weg ein Computer im Internet genommen hat.

Was kann ich gegen Cookies tun?

Wenn Sie auf Nummer sicher gehen wollen, haben Sie bei Ihrem Browser die Möglichkeit, die Verwendung von Cookies einzuschränken oder ganz abzuschalten. Der Browser verbietet dann die **Speicherung von Cookies** generell.

Beim Mozilla Firefox erreichen Sie die entsprechende Eingabemaske über das Menü «Bearbeiten • Einstellungen». Im Safari-Browser finden Sie die vergleichbare Einstellung unter dem Menüpunkt «Safari • Einstellungen...».

[1-4]   Cookies können im Browser teilweise oder ganz unterbunden werden (Beispiel: Mozilla Firefox)

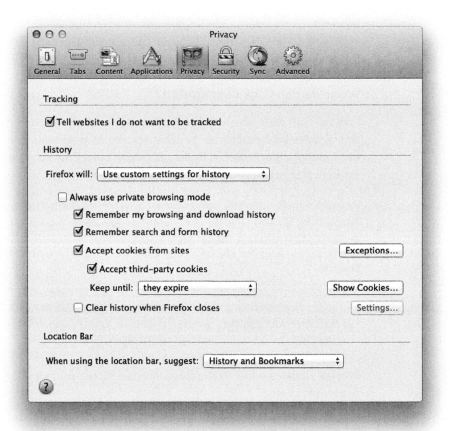

Hinweis

▷ Wenn Sie die Verwendung von Cookies einschränken oder ganz abschalten, müssen Sie im Gegenzug auf viele interaktive Web-Dienste wie z. B. Shops oder Webmail-Clients verzichten.

Sind Cookies sicher?

Da Cookies irgendwo auf der Festplatte des Benutzers abgelegt werden, kann man grundsätzlich davon ausgehen, dass die Möglichkeit der Veränderung von Cookie-Daten besteht. Aus diesem Grund sollte man sicherheitskritische Werte nicht in Cookies abspeichern, sondern das Cookie nur als Identifikator verwenden.

Hinweis

▷ Vergleichen Sie zu PHP-Funktionen für Cookies das Kapitel 9.4, S. 120.

1.5.2 Sessions

Eine **Session**[1] ist ein Mechanismus, der es einer Web-Applikation erlaubt, Daten eines Benutzers während der ganzen Dauer seines Besuchs auf der Webseite zu speichern. Hierzu eignen sich Cookies sehr gut. Beim Benutzer wird ein Cookie gesetzt, mit dessen Hilfe dieser Benutzer bei der nächsten Anfrage wiedererkannt werden kann. Intern kann die Applikation dann eine beliebige Anzahl Variablen mit diesem Benutzer verknüpfen, die während der Session, also der ganzen Zeit, die der Benutzer auf der Webseite verbringt, vorhanden sind.

Anstatt eines Cookies besteht auch die Möglichkeit, dass **Session-Daten** über die URL weitergegeben werden. Das führt zu folgenden URLs (Beispiel einer mit PHP realisierten Anwendung):

Weitergabe von Session-Daten über «kryptische» URLs (Beispiel)

Wozu brauche ich Sessions?

Sessions haben im Prinzip ein ähnliches Anwendungsgebiet wie Cookies. Allerdings wird nur die **Session-Identifikationsnummer** beim Benutzer gespeichert und nicht alle Variablen einzeln. Deshalb ist eine Session um einiges besser gegen Manipulationen geschützt als Cookies. Das soll aber nicht darüber hinwegtäuschen, dass auch Sessions keinen 100%igen Schutz gegen Manipulationen bieten.

Sessions können also beispielsweise für Shops mit Warenkorb eingesetzt werden, für geschützte Bereiche (Extranets), Telebanking etc.

[1] Englisch für: Sitzung.

Session-Funktion für PHP konfigurieren

Damit Sie Sessions überhaupt auf Ihrem lokalen System verwenden können, ist es unter Umständen notwendig, bestimmte Einstellungen vorzunehmen. Besonders unter Windows-Systemen können in der Ursprungskonfiguration Probleme auftreten.

- **CGI-Variante von PHP:** Öffnen Sie die Datei **php.ini,** die Sie im PHP-Programmverzeichnis finden. Sollte sie aus irgendeinem Grund nicht existieren, benennen Sie die Datei **php.ini-recommended** zu **php.ini** um.
- **Kernel-DLL-Variante von PHP:** Öffnen Sie die Datei **php.ini,** die Sie im Windows-System-Verzeichnis finden.

Suchen Sie in dieser Datei nun nach den Session-Einstellungen. Unter dem Titel [Session] finden Sie die entsprechenden Keys. Eigentlich müssen Sie nur den Key `session.save_path` so konfigurieren, dass er auf ein beliebiges, existierendes Verzeichnis zeigt (z. B. **c:/windows/temp**).

Hinweis

▷ Vergleichen Sie zu PHP-Funktionen für Sessions das Kapitel 9.4, S. 120.

Das **HTTP-Protokoll** besteht aus einfachen Anweisungen, die eine Kommunikation zwischen Client (Browser) und dem Webserver ermöglichen.

Sie haben erfahren, dass es sich bei **CGI** um eine Schnittstelle handelt, mit deren Hilfe ein Webserver ein weiteres Programm oder Script aufrufen kann. Sie kennen somit den Unterschied zwischen **serverseitigen Scripts,** die nur auf dem Server ausgeführt werden, und **clientseitigen Scripts,** die zur Ausführung zuerst auf den Computer des Benutzers kopiert werden müssen.

Cookies bestehen aus einer einzigen Zeile Text, die über den Browser auf dem Computer des Besuchers einer Webseite abgelegt und gelesen oder gelöscht werden kann. Um Daten auf dem Computer des Besuchers zwischenzuspeichern, gibt es nur diese Möglichkeit.

Cookies werden v. a. für **personalisierte Dienste** eingesetzt. Ein Benutzer, der z. B. eine Webseite seinen spezifischen Bedürfnissen anpasst, trifft immer wieder die gleichen Einstellungen an, wenn er diese Seite besucht. Dies geschieht zumindest so lange, bis er das betreffende Cookie löscht oder bis dieses von alleine abgelaufen ist. Die Lebensdauer eines Cookies lässt sich nämlich auch individuell definieren.

Cookies sind **sicherheitstechnisch unbedenklich.** Unter dem Aspekt des **Datenschutzes** besteht ein gewisses **Risiko,** da mithilfe von Cookies grundsätzlich festgestellt werden kann, ob jemand schon einmal eine Webseite besucht hat.

Eine **Session** ist ein Mechanismus, mit dem man Besuchern einer Webseite **Variablen zuweisen** kann, die während des ganzen Besuchs erhalten bleiben, auch wenn der Besucher zwischenzeitlich andere Sites besucht.

Repetitionsfragen

1   Beschreiben Sie in wenigen Sätzen den Unterschied zwischen dynamischen und statischen Webseiten.

2   Erklären Sie stichwortartig den Kommunikationsvorgang zwischen Client und Server, wenn ein Benutzer eine dynamische Seite anschauen möchte.

3   Erklären Sie mit wenigen Worten, was ein Cookie ist.

4   Nennen Sie den Grund, warum Cookies nicht geeignet sind, um sicherheitskritische Daten zu speichern.

5   Nennen Sie den Grund, weshalb Sessions (im Gegensatz zu Cookies) für sicherheitskritische Anwendungen besser geeignet sind.

6   Nennen Sie drei Einsatzgebiete für Sessions.

2 Entwicklungstools und Umgebungen

Natürlich können Sie im Prinzip mit jedem gewöhnlichen Texteditor Programme erstellen. Allerdings ist das sehr fehleranfällig und mühsam. Viel besser geht es, wenn Sie die Hilfe von geeigneten Werkzeugen in Anspruch nehmen. In diesem Kapitel werden Sie einige Werkzeuge kennenlernen.

2.1 Serverside-Entwicklungstools

Jede Programmiersprache hat ihre individuellen Eigenheiten. Zudem hat jeder Programmierer einen eigenen Stil und eigene Vorlieben. Nicht jedes Werkzeug ist daher in jedem Fall gleich gut geeignet.

2.1.1 Integrierte Entwicklungsumgebungen

Eine **IDE**,[1] eine integrierte Entwicklungsumgebung, umfasst einen Texteditor und oftmals Editoren für weitere Dateitypen, eine Laufzeitumgebung und einen Debugger. Damit ist es möglich, das Programm zu erstellen und gleich innerhalb der Enwicklungsumgebung laufen zu lassen und zu testen. Der **Debugger**[2] hilft dabei, Fehler im laufenden Programm zu finden und zu beheben.

Eclipse war ursprünglich «nur» eine Plattform, mit der Anwendungen erstellt werden können. Die wichtigste damit erstellte Anwendung ist die Eclipse IDE. Wenn man von Eclipse spricht, meint man normalerweise diese Anwendung. Ursprünglich von IBM entwickelt, ist Eclipse heute die führende IDE für die Entwicklung von Java-Programmen geworden. Da die Plattform «Eclipse» durch Plug-ins fast beliebig erweitert werden kann, lassen sich mit der Eclipse IDE ebenfalls z. B. C-/C++-Programme erstellen. Zudem werden viele Scriptsprachen, u. a. auch PHP, durch Eclipse unterstützt.

Das Eclipse-Plug-in **PDT**[3] macht aus der Eclipse-Plattform eine mächtige PHP-Entwicklungsumgebung. Der Editor kann Schlüsselbegriffe und Strukturelemente von PHP farblich hervorheben und während des Schreibens die syntaktische Richtigkeit des Codes überprüfen. PHP Scripts lassen sich direkt innerhalb von Eclipse ausführen und debuggen. Eclipse stellt dabei allgemeine Funktionalitäten zur Verwaltung von komplexen Projekten mit vielen einzelnen Dateien zur Verfügung.

Eclipse und PDT sind open source und können frei heruntergeladen und verwendet werden.

Viele Entwickler haben aufbauend auf Eclipse und PDT eigene Erweiterungen für die komfortable PHP-Programmierung erstellt. Einige davon sind open source und können gratis verwendet werden, andere sind kommerzielle Produkte. Die folgende Tabelle nennt einige verbreitete Umgebungen. Die auf Eclipse aufbauenden sind in den meisten Fällen unter Windows, Mac OS X und Linux nutzbar.

---

[1] IDE, Integrated Development Environment, engl. für: integrierte Entwicklungsumgebung.

[2] To debug, engl. für: entwanzen. In der Programmierung meint man damit das Suchen und Eliminieren von Programmfehlern.

[3] PDT, PHP Development Toolkit, engl. für: PHP-Entwicklungswerkzeugkasten.

Produkt	URL	Lizenz
Zend Studio	www.zend.com	Kommerziell
PhpStorm	www.jetbrains.com	Kommerziell
Aptana Studio	www.aptana.org	Open source
phpDesigner	www.mpsoftware.dk	Kommerziell

Die Einarbeitungszeit für einen Neuling mit einer IDE darf allerdings nicht unterschätzt werden. Oftmals ist eine IDE daher gerade für den Hobbyprogrammierer oder auch allgemein bei kleineren Projekten nicht die beste Lösung.

2.1.2 Programmeditoren

Weniger komplex als eine IDE sind spezielle **Texteditoren für Programmierer.** Solche bieten hauptsächlich Syntaxhervorhebung und manchmal Eingabevervollständigung. Zudem können sie meistens Formatierungen und Texteinrückungen vereinheitlichen. Gute Editoren korrigieren **falsche oder ungeschickte Einrückungen** direkt bei der Eingabe. **Syntaxhervorhebung** ist ein sehr gutes Hilfsmittel, um z. B. Tippfehler sofort erkennen zu können. Ein guter Programmiereditor erkennt z. B. anhand der Dateinamenserweiterung, um welche Programmiersprache es sich handelt, und kann Schlüsselwörter und andere Strukturelemente im Code farbig hervorheben. Im Gegensatz zu einer IDE, die eine eingebaute Laufzeitumgebung für das Programm hat, kann ein Programmiereditor normalerweise die korrekte Syntax nur beschränkt überprüfen.

Gute Programmeditoren gibt es viele; einige sind kommerziell, viele sind gratis nutzbar und oftmals open source. Es sind meist persönliche Vorlieben für den einen oder anderen Editor, die Ausschlag geben, mit welchem man arbeitet.

Die folgende Tabelle nennt einige Programmeditoren; sie ist absolut nicht vollständig.

Plattform	Editoren
Cross Platform	• Editra • Emacs • JEdit
Windows	• HTML Kit • Notepad++ • UltraEdit
Mac OS X	• TextWrangler • BBEdit • Smultron
Linux	• Kate • KDevelop

2.2   Frontendentwicklung mit JavaScript und HTML5

Für die Programmierung im Frontend gibt es diverse Möglichkeiten.

2.2.1   Frontendprogramme im Browser

Ursprünglich war **Java** die bevorzugte Sprache für die plattformübergreifende Program-mierung. Damit kann man sog. **Applets** erstellen, die in eine HTML-Seite eingebettet werden. Der Browser selbst kann keine Java Applets ausführen, sondern benötigt hierzu eine externe Javaumgebung. **Java Applets** sind sehr mächtig, aber grafische Benutzer-schnittstellen, die in Java erstellt werden, fühlen sich oftmals etwas träge an und fügen sich optisch nicht immer gut in die grafische Oberfläche des eigenen Betriebssystems ein.

Adobe Flash ist eine Technik, die zwar intern ganz anders aufgebaut ist wie Java, aber ebenfalls nicht direkt im Browser läuft, sondern ein externes **Plug-in**[1] benötigt. Beide Plug-ins, sowohl das für Java Applets wie auch der Flashplayer, waren in den letzten Jah-ren immer wieder Ziel von Schadsoftware. Leider werden laufend neue Sicherheitspro-bleme bekannt. Beide Technologien sind nicht für den Einsatz in Smartphones[2] geeignet, da Java Applets relativ viel Arbeitsspeicher benötigen und insbesondere Flash für ein Gerät mit Batteriebetrieb zu hohe Anforderungen an die Prozessorleistung stellt.

Aus diesen Gründen haben Java Applets für die Frontendprogrammierung keine Bedeu-tung mehr. Dies gilt auch für Flash, das zwar noch anzutreffen ist, aber immer mehr durch HTML5 und JavaScript abgelöst wird.

2.2.2   Was ist JavaScript?

JavaScript ist eine interpretierte Programmiersprache, die sich syntaktisch an C anlehnt, und wurde Mitte der 1990er-Jahre von Netscape entwickelt. JavaScript hat übrigens nichts mit der Programmiersprache Java zu tun. Der Name für die Scriptsprache wurde von Marketingexperten gewählt, weil zu jener Zeit die Sprache Java stark an Bedeutung zunahm und Netscape mit der Namensähnlichkeit vom Java-Boom profitieren wollte. Seit jener Zeit hat sich die Sprache stark entwickelt. Ein besonderes Merkmal ist die **Typ-freiheit,** d. h., Variablen benötigen keinen expliziten Datentyp und können immer mit belie-bigen Daten befüllt werden. Zudem kann mit JavaScript objektorientiert programmiert werden. Jeder Webbrowser kann heute problemlos mit JavaScript direkt umgehen, es sind keine Plug-ins notwendig. Dadurch können JavaScript-Programme auch auf schwächeren Geräten gut ausgeführt werden. Dies ist besonders bei Smartphones im Batteriebetrieb ein grosser Vorteil.

---

[1] Englisch für: Einschub, Erweiterung.

[2] Englisch für: intelligentes Telefon, Mobiltelefon, das einen Zugang zum Internet und mit einem eingebauten Browser zum WWW hat.

JavaScript wird als Quelltext in HTML eingebettet und direkt im Browser ausgeführt. So hat ein JavaScript-Programm Zugriff auf den ganzen HTML-Objektbaum und kann diesen dynamisch auslesen und verändern. Seit einigen Jahren bereits stellen alle Browser JavaScript-Objekte zur Verfügung, über die ein JavaScript-Programm unabhängig von einer Benutzerinteraktion Netzwerkverbindungen zu einem Server aufbauen kann. Für den Datenaustausch mit dem Server wird meist das Protokoll **XML**[1] und seit einiger Zeit **JSON**[2] verwendet.

2.2.3 Was ist AJAX?

AJAX ist nicht nur ein Putzmittel oder ein Fussballklub, sondern v. a. ein Marketingbegriff. Es ist die Abkürzung von engl. **Asynchronous JavaScript and XML**; asynchron, weil die Netzwerkkommunikation unabhängig von einer Benutzerinteraktion erfolgen kann. Er fasst eigentlich nur die verschiedenen Technologien zusammen, die heute bei clientseitigen Web-Anwendungen zum Einsatz kommen.

2.2.4 Warum sind HTML5 und CSS3 für Clientside-Programmierung besonders interessant?

HTML5 und **CSS3** sind die jeweils neuesten Versionen von HTML und CSS. Beide haben starke neue Möglichkeiten erhalten. So können z. B. mit CSS3 komplexe Animationen und Transformationen erstellt werden, ohne dass auf Flash oder ein Java Applet zurückgegriffen werden muss. HTML wurde, v. a. gegenüber XHTML, vereinfacht. Zudem ist die Integration von HTML, CSS und JavaScript stark vorangetrieben worden. Damit stehen einem Entwickler faszinierende neue Möglichkeiten zur Gestaltung von Benutzeroberflächen im Browser zur Verfügung.

Alle modernen Browser haben integrierte Entwicklerwerkzeuge. Damit lassen sich DOM[3]-Strukturen direkt in der angezeigten Seite manipulieren und CSS-Angaben können verändert werden. So kann das Aussehen einer Seite interaktiv getestet werden. Für JavaScript bringen die Browser Commandokonsolen und Debugger mit. Hier ist ein Beispiel aus dem Browser Safari:

---

[1] Abk. für: Extensible Markup Language. Engl. für: Erweiterbare Auszeichnungssprache. XML ist eine stark strukturierte Auszeichnungssprache, auf der auch HTML basiert.

[2] Abk. für: JavaScript Object Notation. Eine einfache Art, JavaScript-Objekte in Textform darzustellen.

[3] Abk. für: Document Object Model. Datenrepräsentation aller Elemente (Tags) eines HTML-Dokuments (beschreibt den internen Aufbau einer HTML-Seite).

[2-1]   Entwicklerwerkzeug WebInspector im Safari-Browser

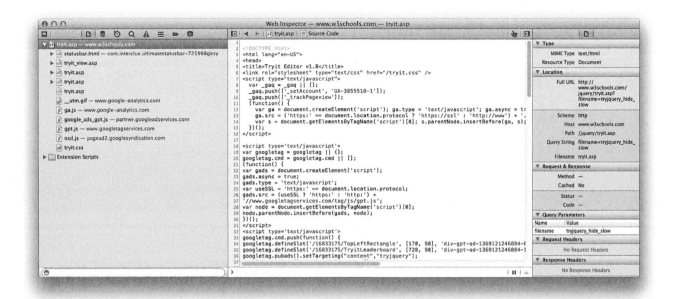

2.3   Frameworks: eine Übersicht und typische Anwendungsgebiete

Immer wieder ist in der Softwareentwicklung von Frameworks die Rede. Frameworks haben auch bei Web-Applikationen einen festen Platz.

2.3.1   Was ist ein Framework?

Wie es der Name **Framework,** deutsch etwa als Rahmenwerk übersetzbar, ausdrückt, bilden Frameworks einen Rahmen, den der Programmierer mit seinem eigenen Code füllen kann. Frameworks stellen Funktionen und Objekte zur Verfügung, die im eigenen Programm genutzt werden. Dabei geht ein Framework weiter als eine reine Codebibliothek. Im Framework hängen die Objekte und Funktionen stark voneinander ab und realisieren im Zusammenspiel ganze Funktionalitäten. Jedem Framework liegen ein oder mehrere Konzepte zugrunde. Wenn man ein Framework richtig einsetzen will, muss man sich als Programmierer an diese Konzepte halten. Da jeder Hersteller eines Frameworks seine eigene Vorstellung davon hat, wie das Framework intern gestaltet ist, gibt es viele verschiedene Frameworks, die oftmals dieselben Aufgaben erledigen können. Als Applikationsentwickler ist es Ihre Aufgabe, sich die Frameworks anzuschauen und dasjenige zu wählen, das am besten zu Ihrem Problem passt. Wichtig ist dabei auch, dass Ihnen die dem Framework zugrunde liegende Philosophie liegt und Ihrem Arbeitsstil entspricht.

2.3.2   Was «macht» ein Framework?

In jeder Anwendung, unabhängig davon, ob es sich um eine Web-Applikation handelt, werden immer wieder die gleichen Funktionalitäten benötigt. So benötigen die meisten Anwendungen z. B. irgendeine Form von Benutzerverwaltung. Anstatt diese jedes Mal neu zu programmieren, kann man ein entsprechendes Framework einsetzen.

Im Folgenden sehen Sie einige typische **Aufgaben in Web-Applikationen,** die gut durch ein Framework erledigt werden können:

- Benutzerverwaltung
- Benutzer-Log-in mit Authentifikation gegenüber verschiedenen Diensten wie ActiveDirectory
- Zugriffsverwaltung (wer darf was?)
- Datenbankzugriffe unabhängig vom gewählten Datenbanksystem
- Formulardatenvalidierungen
- Erstellen von PDF- und Excel-Dateien
- Erstellen und Bearbeiten von Grafiken
- Zugriffe auf Dienste wie Facebook, Google, Twitter
- Mail
- Dokumentenverwaltung
- Standardisiertes Hilfesystem für den Benutzer

2.3.3 Serverseitige Frameworks

Für die Serverprogrammierung wird sehr oft die Sprache Java eingesetzt. Für diese Sprache gibt es eine Unmenge an Frameworks. Hier sollen nur einige genannt werden:

- Hibernate für objektorientierte Datenbankzugriffe
- Spring für den Aufbau von HTML-Seiten
- Project Wonder als Gesamtlösung für alle Applikationen

Für Microsoft-Servertechnologien ist hauptsächlich das **.net-Framework**[1] interessant.

Im PHP-Bereich wird das **Zend Framework** oft eingesetzt. Die folgende Tabelle listet einige Module aus dem aktuellen V2.2 Framework auf, das Framework enthält viele weitere Module.

Modul	Funktion
Zend\Authentication	Benutzeranmeldung, Log-in. Dabei werden folgende Möglichkeiten unterstützt: Benutzerdaten aus Datenbanktabelle, LDAP Benutzer, HTTP Authentication (wobei der Webbrowser nach Benutzername und Passwort fragt)
Zend\Captcha[1]	Damit erstellen Sie Captchas. Dies sind meist verzerrte Texte, die ein Mensch lesen kann, nicht aber ein Computer. Damit will man vermeiden, dass Formulare automatisch ausgefüllt werden. Der Mensch muss die gelesenen Buchstaben in ein Eingabefeld tippen.
Zend\Db	Datenbankzugriff, unabhängig vom Datenbanksystem
Zend\Dom	Erlaubt den Zugriff auf HTML-DOM-Strukturen
Zend\Http	Erlaubt den einfachen Zugriff auf alle HTTP-Elemente
Zend\Mail	Erstellen und Versenden von E-Mails
Zend\Session	Sitzungsverwaltung

[1] Captcha, Abk. für engl. Completely Automated Public Turing test to tell Computers and Humans Apart. Automatisierter Test, um echte Menschen von Computern zu unterscheiden.

Das Zend Framework ist open source und kann frei verwendet werden. Sie finden dieses unter folgender Adresse: http://framework.zend.com.

[1] Sprich: dot-net.

2.3.4   Clientseitige Frameworks

Für die clientseitige Programmierung wird praktisch ausschliesslich JavaScript eingesetzt. JavaScript ist zwar sehr mächtig, ist aber als Programmiersprache nicht sehr angenehm zu verwenden, nicht zuletzt wegen verschiedener Inkompatibilitäten der Browser. Erst der Einsatz von **JavaScript Frameworks** erleichtert die Arbeit mit JavaScript.

Die wohl aktuell interessantesten Frameworks sind jQuery, jQueryUI und jQueryMobile. Diese werden auch von grossen Firmen wie Google, Microsoft und anderen auf ihren jeweiligen Webseiten eingesetzt.

Bevor wir einen Blick auf jQuery werfen, sollen hier noch einige andere JavaScript Frameworks genannt werden:

Framework	Beschreibung
jQuery	Framework, das die Programmierung mit JavaScript vereinheitlicht und viele «Seltsamkeiten» der Sprache hinter einer durchdachten Schnittstelle versteckt
jQueryUI	Ein auf jQuery aufbauendes Framework zur einfachen Darstellung von komplexen Benutzerschnittstellen
jQueryMobile	Analog jQueryUI ein Framework, das spezialisiert ist zur Darstellung von Benutzerschnittstellen auf Mobilgeräten mit kleinen Bildschirmen
Prototype	Ein einfaches Framework für allgemeine Web-Aufgaben; viele moderne Frameworks bauen auf Prototype auf
MooTools	Ein Framework, das v. a. eine Vereinfachung der JavaScript-Programmierung anstrebt
Dojo	Dieses Framework dient hauptsächlich der Manipulation von DOM und Ereignissen
script.aculo.us	Open Source Framework für visuelle Effekte und Benutzerschnittstellen
MontageJS	Mächtiges Framework auf der Basis des MVC[1]-Musters

[1]   Abkürzung für engl. Model View Controller, ein Entwurfsmuster, nach dem eine strikte Trennung zwischen Datenhaltung (dem Modell) und der Benutzerschnittstelle (dem View) eingehalten wird. Der Kontroller (Controller) ist dabei Vermittler von Ereignissen wie Menüselektionen oder dem Aktivieren von Schaltknöpfen.

jQuery macht das Leben eines JavaScript-Programmierers einfacher; es versteckt z. B. die Unterschiede zwischen verschiedenen Browsern. Vor allem aber hat es eine mächtige Funktion namens «$()», die die Arbeit mit DOM, HTML und CSS extrem vereinfacht. jQuery ist gut erweiterbar. Es gibt wohl Hunderte kleiner und grosser Frameworks, die auf jQuery aufbauen.

Zur Illustration sollen hier einfach einige Beispiele dienen. Diese entstammen teilweise der offiziellen jQuery-Dokumentation. Bitte beachten Sie, dass das vorliegende Lehrmittel primär die serverseitige Programmierung mit PHP zum Inhalt hat.

jQuery definiert einen eigenen Datentyp, ein jQuery-Objekt, für ein DOM-Element. Die $()-Funktion liefert ein solches jQuery-Objekt. Als Suchkriterium kann der $()-Funktion fast alles übergeben werden, was ein DOM-Element identifizieren kann. Sie können z. B. eine ID oder eine CSS-Klasse verwenden:

```
$("#gruss").html("Hallo jQuery");
```

Diese Zeile findet das Element mit «id=gruss» und ersetzt dessen Inhalt durch den Text «Hallo jQuery». Ohne jQuery müssten Sie dies mit dem Aufruf der Methode getElement-ById(«gruss») tun und danach den Inhalt dem Ergebnisobjekt an innerHtml zuweisen.

Hier noch ein weiteres vollständiges Beispiel:

```html
<!DOCTYPE html>
<html>
    <head>
        <script
            src=" http://code.jquery.com/jquery-1.9.1.js ">
        </script>
        <script>
            function myFunction() {
                $("#gruss").attr("style", "color:blue").html("Hallo jQuery")
            }
            $(document).ready(myFunction);
        </script>
    </head>
    <body>
        <h1 id="gruss"></h1>
    </body>
</html>
```

Im body ist ein (leeres) `h1`-Element definiert. Das Script findet dieses Element via seine id und setzt sowohl die Textfarbe wie auch gleich den ganzen Inhalt. jQuery-Objekte erlauben solch verkettete Aufrufe.

Wir werden im Verlaufe dieses Lehrmittels noch das eine oder andere Mal Funktionalitäten aus jQuery einsetzen.

Für die Programmierung der Serversoftware und des Clients stehen verschiedene **Entwicklungsumgebungen** zur Verfügung. Auf dem Server wird in grossen Unternehmen meist die Sprache **Java** eingesetzt. Im privaten Bereich und für kleinere und mittelgrosse Projekte bietet sich **PHP** an. Clientprogramme werden heute fast ausschliesslich mit JavaScript erstellt. JavaScript und die modernen Versionen **HTML5** und **CSS3** arbeiten eng zusammen und erlauben es, ganze interaktive Anwendungen im Browser zu programmieren.

Bei den Entwicklungsumgebungen unterscheidet man zwischen integrierten Umgebungen **IDE** und spezialisierten **Texteditoren.** Eine IDE umfasst nebst einem komfortablen Texteditor zum Schreiben der Programme auch Werkzeuge zur Fehlersuche und oftmals auch gleich eine integrierte Laufzeitumgebung zum Testen der Anwendung.

Sowohl für die Server- wie auch für die Clientprogrammierung stehen **Frameworks** zur Verfügung, die einerseits den Umgang mit der entsprechenden Programmiersprache und Laufzeitumgebung vereinfachen, andererseits stellen solche Frameworks auch ganze Funktionalitäten zur Verfügung, um die man sich dann nicht mehr selbst kümmern muss. Für PHP-Programme wird das Open Source Zend Framework oftmals eingesetzt, für JavaScript ist jQuery zurzeit das Mass aller Dinge.

Repetitionsfragen

7	Was meint man, wenn man von der Philosophie eines Frameworks spricht?
8	Was ist eine IDE?
9	Nennen Sie drei JavaScript Frameworks. Wozu setzen Sie diese ein?
10	Warum sollte man heute keine Clientanwendungen mehr mit JavaApplets oder Flash erstellen?

3 Benutzereingaben und Datenüberprüfung

Die Interaktion mit dem Benutzer und dort v. a. die Dateneingabe ist ein wichtiger Punkt bei einer Anwendung. Die Dateneingabe findet im Browser, also im Client statt, die Datenaufbereitung und -speicherung passiert in der Serverapplikation.

3.1 Zusammenspiel Frontend / Backend

Betrachten wir anhand eines einfachen Beispiels, was passiert, wenn ein Benutzer eine **Eingabe** macht.

[3-1]   Zusammenspiel Client / Server

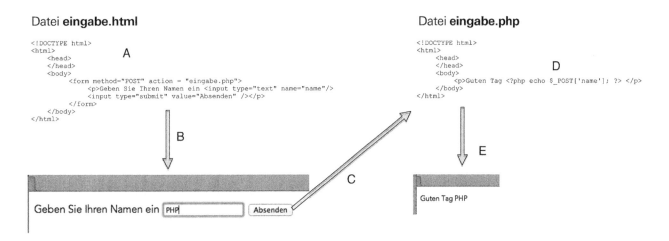

Datei **eingabe.html**

```
<!DOCTYPE html>
<html>
    <head>
    </head>
    <body>
        <form method="POST" action = "eingabe.php">
            <p>Geben Sie Ihren Namen ein <input type="text" name="name"/>
            <input type="submit" value="Absenden" /></p>
        </form>
    </body>
</html>
```

Datei **eingabe.php**

```
<!DOCTYPE html>
<html>
    <head>
    </head>
    <body>
        <p>Guten Tag <?php echo $_POST['name']; ?> </p>
    </body>
</html>
```

Geben Sie Ihren Namen ein PHP   Absenden

Guten Tag PHP

Auf dem Server befindet sich die Datei **eingabe.html** (A). Diese wird vom Webserver an den Browser ausgeliefert, wo deren Inhalt interpretiert und dargestellt wird (B). In diesem Beispiel enthält die Datei ein Formular mit einem Textfeld und einem Absendenknopf. Wenn der Benutzer im Textfeld eine Eingabe macht und danach den Knopf aktiviert, verpackt der Browser die Eingabedaten, hier den Text «PHP» aus dem Textfeld, und schickt diese an die Seite **eingabe.php** (C). Dieses Ziel ist beim Formular als `action="ein-gabe.php"` notiert.

Auf dem Server passiert nun Folgendes: Die angeforderte Datei hat als Namenserweiterung nicht html, sondern php. Für den Webserver ist das das Zeichen, dass die Datei vor dem Ausliefern an den PHP-Prozessor übergeben werden muss. Dieser sucht sich die PHP-Befehle (D) heraus und führt diese aus. Hier versucht er, den übergebenen Wert «name» auszulesen und schreibt ihn dann in die Datei. Jetzt gibt der PHP-Prozessor die überarbeitete Datei an den Webserver zurück. Dieser schickt sie als Antwort an den Browser (E), wo sie dargestellt wird.

3.1.1 Übertragen Sie immer gültige Daten?

Der einfache Ablauf, wie er hier beschrieben wird, hat allerdings verschiedene Mängel. Was passiert, wenn der Benutzer keine Eingabe macht und trotzdem den Absenden-Knopf drückt? Oder stellen Sie sich vor, die Eingabe soll nicht nur als Begrüssung angezeigt, sondern weiter verarbeitet werden. Sind dann alle Werte erlaubt? Ist «PHP» ein gültiger Name für eine Person? Vielleicht soll neben dem Namen auch noch das Geburtsdatum erfasst werden. Darf der Benutzer «31. Februar» eingeben? Das ist doch ein ungültiges Datum.

Sie benötigen eine **Eingabevalidierung!** Damit verhindern Sie, dass ungültige Daten übermittelt und weiterverarbeitet werden. Im obigen Ablauf gibt es zwei Stellen, wo die Daten
sinnvollerweise auf ihre Gültigkeit geprüft werden können. Die erste Prüfung ist bereits im
Browser möglich. Mithilfe von JavaScript können Sie verhindern, dass ungültige Daten
überhaupt abgeschickt werden können. Das folgende Beispiel verwendet JavaScript und
die Frameworks jQuery und jQueryUI, um eine **Leereingabe** zu verhindern:

```html
<!DOCTYPE html>
<html>
    <head>
    <!-- Einbinden der JavaScript Frameworks und Dateien -->
        <link rel="stylesheet"
            href="http://code.jquery.com/ui/1.10.3/themes/smoothness/jquery-ui.css" />
        <script src="http://code.jquery.com/jquery-1.9.1.js"></script>
        <script src="http://code.jquery.com/ui/1.10.3/jquery-ui.js"></script>
    <!-- Initialisieren der Seite -->
        <script>
            $(document).ready(
                function(){
                    $("#dialog-modal").hide();
                    $("#absenden").click(
                    function(){
                        if ( $("#name").val() == '') {
                            $( "#alert" ).dialog({
                                height: 140,
                                modal: true
                            });
                            return false;
                        }
                        return true;
                    })
                })
        </script>
    </head>
    <body>
        <div id="alert" title="Sorry!">
        <p>Das Feld darf nicht leer sein.</p>
        </div>
        <form method="POST" action = "eingabe.php">
            <p>Geben Sie Ihren Namen ein <input type="text" name="name" id="name"/>
            <input type="submit" value="Absenden" id="absenden" /></p>
        </form>
    </body>
</html>
```

Der Aufruf von `$(document).ready()` sorgt dafür, dass der als Parameter übergebene
Code erst abläuft, wenn die Seite komplett geladen ist. Aus Sicherheitsgründen darf kein
Code direkt an ein HTML-Element gebunden werden[1], sondern muss in einer (anonymen)
Funktion «versorgt» werden. Wir wollen dem Absenden-Knopf ein onClick-Ereignis geben,
sodass vor dem eigentlichen Absenden der Wert im Eingabefeld geprüft werden kann. Das
Beispiel hier prüft, ob das Namensfeld einen Wert enthält. Wenn es leer ist, wird der Benutzer mit einem Dialogfenster darauf hingewiesen. Der Rückgabewert «`false`» stellt sicher,
dass die Verarbeitung des Klicks auf den Knopf abgebrochen wird und die Formulardaten
nicht übermittelt werden. Das Dialogfenster stellen wir mithilfe eines jQueryUI-Dialogs dar.

---

[1] So ist es nicht möglich, von aussen böswillig JavaScript-Code einzuschleusen.

[3-2]   QueryUI-Dialog

Der andere Ort, wo **Datenvalidierung** gemacht werden kann, ist auf dem Server. Dort werden die übermittelten Werte im PHP-Code geprüft und nur weiterverarbeitet, wenn sie gültig sind. Diesen Mechanismus werden wir in den folgenden Kapiteln genauer sehen, wenn wir uns mit der Programmiersprache PHP auseinandersetzen.

3.1.2   POST- und GET-Anfragen an den Server

Formulardaten können auf zwei unterschiedliche Weisen an den Server übermittelt werden. Sicher haben Sie schon URLs gesehen, die «?» und «&» enthalten:

```
http://www.meinserver.ch/benutzer?name=Meier&vorname=Peter
```

Hier werden die Werte für Name und Vorname an den Server übergeben. Die Werte stehen dabei als Schlüssel-Wert-Paare direkt in der URL, abgetrennt durch ein ? und untereinander getrennt durch ein &. Dies macht der Browser automatisch, wenn man im Formular `method="GET"` einträgt. Der Vorteil einer solchen URL besteht darin, dass Sie diese auch in eine Lesezeichenliste aufnehmen oder z. B. per E-Mail versenden können. **GET-URLs** werden hauptsächlich für Datenabfragen verwendet, die Werte in der URL entsprechen den Suchvorgaben. Da eine URL nicht beliebig lang sein kann (einige Tausend Zeichen maximal), können Sie nicht beliebig grosse Datenmengen übermitteln.

Wenn Sie im Formular `method="POST"` setzen, wird der Browser die Daten nicht in der URL aufführen, sondern im Inneren der Anfrage an den Server mitliefern. Die Informationen sind dann von aussen nicht direkt sichtbar und dadurch auch besser vor (böswilligen) Manipulationen geschützt[1]. Bei einer **POST-Übermittlung** gibt es keine Grössenbeschränkung; so können auch grosse Datenmengen (z. B. Videodateien) übertragen werden.

3.2   Formulare und Formularelemente

Dieses Kapitel ist als kurze Repetition gedacht, da grundsätzliche HTML-Kenntnisse für die Arbeit mit diesem Lehrmittel vorausgesetzt werden.

Um vom Benutzer Eingaben entgegenzunehmen, stehen verschiedene **Eingabeelemente** zur Verfügung. Alle Elemente müssen innerhalb eines Formulars angeordnet werden.

---

[1] Ohne verschlüsselte Verbindung sind jedoch auch POST-Übermittlungen manipulierbar, der Aufwand ist einfach ein klein wenig grösser.

3.2.1 Einzeiliges Textfeld

```
Geben Sie Ihren Namen ein <input type="text" name="name" id="name" />
```

Geben Sie Ihren Namen ein `Hans|`

Mit dem Attribut `value="..."` können Sie den Inhalt vorbelegen.

3.2.2 Mehrzeiliger Textbereich

```
Geben Sie ein Gedicht ein <textarea name="gedicht" id="gedicht"></textarea>
```

Geben Sie ein Gedicht ein `Die Glocke von Schiller`

Mit den Attributen `rows="..."` und `cols="..."` können Sie die Darstellungsgrösse angeben.

3.2.3 Pop-up-Auswahlliste

```
Welches ist Ihre Lieblingsfarbe?
<select name="select">
  <option value="ROT">rot</option>
  <option value="BLAU" selected>blau</option>
  <option value="GRUEN">grün</option>
</select>
```

Welches ist Ihre Lieblingsfarbe? `blau ⬍`

3.2.4 Mehrzeilige Auswahlliste

```
Welches ist Ihre Lieblingsfarbe?
<select name="select" size="4">
  <option value="ROT">rot</option>
  <option value="BLAU" selected>blau</option>
  <option value="GRUEN">grün</option>
</select>
```

Welches ist Ihre Lieblingsfarbe?

Mehrzeilige Auswahllisten werden genau gleich erstellt wie Pop-ups. Der einzige Unterschied besteht darin, dass Sie mit dem Attribut `size="..."` die Anzahl sichtbarer Einträge angeben. Wenn Sie `size` ganz weglassen, erhalten Sie ein Pop-up.

3.2.5   Checkbox

```
<p>Welches sind Ihre Lieblingsfarben?
<ul style="list-style-type:none">
<li><input type="checkbox" name="rot" value="ROT"> rot</li>
<li><input type="checkbox" name="blau" value="BLAU" checked> blau</li>
<li><input type="checkbox" name="grün" value="GRUEN"> grün</li>
</ul></p>
```

Welches sind Ihre Lieblingsfarben?

☐ rot

☑ blau

☐ grün

Hier kann ein Benutzer eine Mehrfachauswahl treffen. Jede Checkbox steht für sich selbst und hat daher sowol einen eigenen Namen wie auch ein eigenes Value-Attribut. Mit dem Attribut `"checked"` kann eine beliebige Vorauswahl gemacht werden.

3.2.6   Radioknöpfe und -gruppen

```
<p>Welches ist Ihre Lieblingsfarbe?
<ul style="list-style-type:none">
<li><input type="radio" name="farbe" value="ROT"> rot</li>
<li><input type="radio" name="farbe" value="BLAU" checked> blau</li>
<li><input type="radio" name="farbe" value="GRUEN"> grün</li>
</ul></p>
```

Welches ist Ihre Lieblingsfarbe?

◯ rot

◉ blau

◯ grün

Bei einer Radiogruppe werden die einzelnen Knöpfe zu Gruppen zusammengefasst. Die Gruppenbildung erfolgt über den Namen der Knöpfe. Alle Knöpfe mit gleichem Namen sind in derselben Gruppe. Pro Gruppe kann nur genau ein Knopf aktiviert sein. Wenn der Benutzer einen Knopf anwählt, werden automatisch alle anderen derselben Gruppe deaktiviert.

3.2.7   Aktionsknopf

```
<input type="submit" value="Absenden" id="absenden" />
```

Absenden

Standardknopf, um ein Formular abzusenden.

Der Benutzer fordert vom Server eine HTML-Datei an, die ofmals **Dateneingabeelemente** hat. Nach dem Eingeben der Daten kann der Benutzer diese mittels eines Knopfs **absenden.** Der Browser übermittelt die Daten entweder mit der URL an den Server (bei einer **GET-Anfrage**) oder verpackt sie innerhalb der Anfrage selbst (bei einer **POST-Anfrage**). Das Programm auf dem Server hat Zugriff auf die übertragenen Daten und kann diese weiterverarbeiten. Sowohl der Client wie auch der Server müssen sicherstellen, dass keine ungültigen Daten übertragen werden. Auf dem Client kann das gut mit JavaScript gemacht werden.

Verschiedene **Eingabeelemente** stehen in HTML zur Verfügung: ein- und mehrzeilige Textfelder, Auswahllisten, Radioknöpfe und Checkboxen.

Repetitionsfragen

11   Was bedeuten die an die URL angehängten Werte?

```
http://www.server.ch/suche?marke=VW&modell=Golf
```

12   Wenn Sie im Browser Eingaben validieren wollen, welche Programmiertechnik werden Sie vermutlich verwenden?

13   Warum ist es nicht empfehlenswert, längere Texte per URL zu übergeben? Beschreiben Sie den Grund in einem kurzen Satz.

14   Wie sieht die URL aus, wenn Sie die beiden Werte «Hans» und «28» als Name und Alter auf der Seite **adresse.php** haben möchten? Notieren Sie die URL, wie Sie sie beim Browser eingeben würden.

Teil B   Analyse und Entwurf

Einleitung, Lernziele und Schlüsselbegriffe

Einleitung

Bevor Sie mit der Programmierung anfangen können, müssen Sie zuerst einmal wissen, welche Anforderungen Ihre neue Applikation erfüllen muss. In diesem Teil lernen Sie zuerst erkennen, worauf es ankommt und wie Sie die Anforderungen finden und dokumentieren. Diese Anforderungen sind danach auch die Basis für Tests, mit denen Sie einerseits dem Auftraggeber zeigen, dass die Anforderungen erfüllt sind, und andererseits Fehler finden und beheben können. Ein weiterer Schwerpunkt sind die Planung der Realisierung und der Entwurf der Lösung.

Lernziele

	Lernziele	Lernschritte
☐	Sie können die Anforderungen an die Lösung analysieren und beschreiben.	• Vorgaben analysieren und spezifizieren
☐	Sie sind in der Lage, die Umsetzung zu planen.	• Funktionalität entwerfen und Umsetzung planen • Tests vorbereiten und planen

Schlüsselbegriffe

Zielpublikum, Intranet, Firewall, Extranet, funktionale Anforderungen, nichtfunktionale Anforderungen, Performance, Barrierefreiheit, Integrität, Verfügbarkeit, Authentizität, Vertraulichkeit, Sicherheit, Datenvalidierung, Frontend, Backend, Screenflow, Struktogramm, Testplan

4   Vorgaben analysieren und spezifizieren

Bevor Sie mit der Realisierung beginnen können, müssen Sie zuerst einmal wissen, was denn die Applikation alles können soll. Welche Anforderungen muss sie erfüllen? Wir wollen diese Fragen anhand eines einfachen Projekts erarbeiten. Der Kunde wünscht, dass interne Firmenmitteilungen von verschiedenen Personen erfasst und auf der internen Homepage angezeigt werden können. Das Projekt läuft unter dem Namen Verwaltungs-News.

4.1   Funktionale Anforderungen

Für die Programmierung der Applikation ist folgende Frage von zentraler Bedeutung: Was soll diese Applikation können bzw. welche Funktionen soll sie erfüllen?

Diese Frage können Sie direkt anhand der Anforderungen beantworten. Die Anforderungen des Projekts VerwaltungsNews lauten wie folgt:

«Um die Interaktion und Bindung zum System zu verbessern, sollen auch interne Neuigkeiten online dargeboten werden, wobei vorgesehen ist, dass die jeweiligen Abteilungsleiter diese Neuigkeiten unter ihrem Namen publizieren können. Diese Neuigkeiten sollen eine bestimmte Zeit lang sichtbar sein und dann verschwinden. Ausserdem sollen einfache Hilfsautoren eingesetzt werden. Dies alles soll ohne fremde Hilfe geschehen können.»

So lesen Sie die Informationen heraus und interpretieren sie:

Information	Interpretation
Interne Neuigkeiten online publizieren.	Es geht also darum, im Internet News Items zu platzieren.
Bestimmte Zeit lang sichtbar.	Wegen der zeitlichen Beschränkung wird eine dynamische Lösung bevorzugt.
Abteilungsleiter wollen unter ihrem eigenen Namen publizieren.	Ein Log-in-System erscheint angemessen, das auf Benutzerkonten basiert.
Hilfsautoren sollen eingesetzt werden.	Es sollen mehrere Benutzer angelegt werden können.
Ohne fremde Hilfe.	Gefordert wird eine möglichst einfache Bedienung und Eingabe (kein HTML-Code o. Ä.).

Aus diesen Informationen kristallisiert sich folgender **Funktionalitätskatalog** heraus:

- News-Publikationssystem auf Datenbankbasis
- Zeitlich begrenzte Anzeige der Einträge
- Benutzerbasierte Authentifizierung für Zugang zum Bearbeitungsclient
- Benutzerbasis einfach bearbeitbar bzw. erweiterbar

Dies stellt nun fast schon die komplette Funktionalitätsliste dar (beachten Sie auch die vollständige Liste im Realisierungskonzept). Was zu tun bleibt, ist, die Angaben zu verfeinern und mit dem Auftraggeber (und allenfalls betroffenen Angestellten) zu besprechen, um allfällige Fehlinterpretationen aufdecken zu können.

4.2   Zielpublikum

Wichtig ist immer auch die Frage: An wen richtet sich die Anwendung? Wer soll damit arbeiten? Man spricht vom **Zielpublikum.** Aus den Anforderungen geht hervor, dass allgemein Mitarbeitende angesprochen werden sollen, diese lesen die Nachrichten. Aber die Applikation soll auch von Abteilungsleitern verwendet werden. Diese sollen auf einfache Art und Weise neue Nachrichten erfassen können. Wir unterscheiden also zwei Gruppen von Personen, die mit der Anwendung in Kontakt kommen. Für beide Gruppen soll sich die Applikation unterschiedlich verhalten. Dies muss bei der Realisierung berücksichtigt werden. Vor allem muss der Administrationsteil dort, wo neue Meldungen erfasst werden, einfach gehalten werden, da Abteilungsleiter keine Informatiker sind.

Aber es gibt noch eine weitere wichtige Unterscheidung: Sie müssen sich fragen, von wo aus die Benutzer mit der Applikation arbeiten. Sind es Benutzer, die vom internen Firmennetz aus zugreifen, oder sollen Benutzer auch von ausserhalb Zugriff haben? Und was genau heisst hier «aussen»?

4.2.1   Was ist ein Intranet?

Ein **Intranet** ist ein Computernetzwerk, das mit den gleichen Protokollen arbeitet wie das Internet, aber gegenüber dem Internet abgeschottet und von dort her nicht erreichbar ist. Ein LAN[1] ist normalerweise Bestandteil des Intranets. Die Absicherung gegenüber dem Internet erfolgt durch spezielle Netzwerkkomponenten, genannt **Firewall.** Eine Firewall sitzt an der Schnittstelle zweier Netzwerke und überwacht den Netzwerkverkehr. Sie lässt normalerweise Netzwerkverbindungen nur in eine Richtung (von innen nach aussen) zu und kann auch solche Verbindungen gezielt kontrollieren und regeln. Das Intranet ist also ein privates Netzwerk.

4.2.2   Was ist ein Extranet?

Als **Extranet** bezeichnet man den Teil eines Intranets, der für bestimmte Benutzer von aussen her, also vom Internet her, erreichbar ist. Das Extranet ist halb privat. Der Zugang muss normalerweise auf die eine oder andere Art beantragt werden. Das System muss sicherstellen, dass nur Berechtigte Zugriff haben. Ein typischer Fall von Extranet stellt z. B. angemeldeten Kunden einen Zugang zu Supportdokumenten bereit.

Bei der Bestimmung des Zielpublikums muss eine Unterscheidung Intranet, Extranet und Internet, also privat, halb privat oder öffentlich, gemacht werden. Je nachdem stellen sich v. a. bezüglich Sicherheit zusätzliche Anforderungen.

Im vorliegenden Fall sind beide Benutzergruppen innerhalb des lokalen Intranets zu Hause.

4.3   Nichtfunktionale Anforderungen

Neben den sog. funktionalen Anforderungen gibt es auch noch nichtfunktionale Anforderungen. Die **funktionalen Anforderungen** beschreiben, was die Applikation alles können soll, die **nichtfunktionalen Anforderungen** ergeben sich aus Fragen nach dem «Wie erledigt die Applikation ihre Aufgabe?». Dies sind Fragen nach der Performance, der Barrierefreiheit oder auch der Sicherheit. Auch wenn eine funktionale Anforderung an eine Applikation erfüllt ist (neue Nachrichten können erfasst werden), kann es sein, dass die Bedie-

[1]   Abkürzung für engl. Local Area Network, Lokalbereichsnetz.

nung hierbei so kompliziert ist, dass ein Benutzer damit nicht zurechtkommt. Die nicht-funktionale Anforderung «einfache Bedienbarkeit» ist dann nicht erfüllt.

In den folgenden Abschnitten werden Sie einen Überblick über typische nichtfunktionale Anforderungen erhalten. Allerdings übersteigt es den Rahmen dieses Lehrmittels weit, die gestellten Fragen zu beantworten. Einzelne Punkte werden Sie aber im Weiteren wieder antreffen, v. a., wenn es um das Testen geht.

4.3.1   Performance

Typische Anforderungen bezüglich **Performance** könnten z. B. sein:

- Keine Reaktion der Applikation darf mehr als 2 Sekunden dauern.
- Komplexe Datenbankabfragen dürfen maximal 10 Sekunden dauern.
- Die Applikation muss mindestens 10 000 Berechnungen pro Minute machen können.

4.3.2   Barrierefreiheit

Beachten Sie, dass nicht jeder Benutzer über beste Augen verfügt oder mit Maus und Tastatur problemlos umgehen kann. Wenn es Ihre Applikation solchen Benutzern schwer macht, spricht man von **Barrieren.** Schriften sollten gross genug gewählt werden, dass sie auch für Fehlsichtige lesbar sind. Blinde Personen verwenden oftmals sog. **Screenreader-**Programme. Dies sind Programme, die einen Text in gesprochene Sprache umsetzen. Damit eine Webseite automatisch sinnvoll vorgelesen werden kann, muss sie einige Voraussetzungen erfüllen. Eine davon ist die strikte Trennung zwischen Struktur und Darstellung. Ein Screenreader muss die Struktur erkennen und umsetzen; alles, was mit Darstellung zu tun hat, ist beim Vorlesen nicht relevant. Wenn Sie sauber mit HTML und CSS arbeiten, sind Sie auf dem richtigen Weg. Vermeiden Sie zudem spezielle Farbkombinationen, die Menschen mit Farbblindheit nicht oder nur schlecht unterscheiden können.

Eine weitere Barriere sind kleine, nur wenige Pixel grosse Knöpfe oder andere anklickbare Bereiche. Vor allem älteren Menschen oder solchen mit einer Bewegungsstörung fällt es oftmals schwer, mit der Maus genau zu zielen. Machen Sie deshalb Knöpfe und andere Bedienelemente gross genug, versuchen Sie auch alternative Bedienungsmöglichkeiten zu schaffen.

4.3.3   Datenintegrität

Wenn ein Benutzer Daten eingibt, erwartet er, dass diese Daten richtig und vollständig vom System übernommen werden und auch wieder so abgerufen werden können. Dies muss das System sicherstellen, auch wenn z. B. während eines Speichervorgangs ein Problem auftritt. Beispielsweise darf eine Bestellung nicht gespeichert werden ohne zugehörige Bestellerinformation. Denken Sie an einen Benutzer mit einem Mobilgerät im Zug: Es besteht immer die Möglichkeit, dass im ungünstigsten Moment die Netzwerkverbindung abbricht und so nur ein Teil der Daten übermittelt wird.

4.3.4   Verfügbarkeit

Wenn wir von Verfügbarkeit sprechen, müssen wir Antworten auf die folgenden Fragen finden:

- Wann soll die Web-Applikation erreichbar sein? Muss dies 24 Stunden pro Tag, ununterbrochen das ganze Jahr hindurch sein? Oder reicht es, wenn die Applikation während der Bürozeiten erreichbar ist? Vergessen Sie dabei nicht Ihre Filiale in Australien.

Die Schweizer Bürozeiten sind nicht deckungsgleich mit denen auf der anderen Seite der Erdkugel.

- Sind Zeiten erlaubt, in denen die Applikation nicht erreichbar sein kann? Wie sollen Sicherheitskopien der Daten erstellt werden? Darf hierzu der Zugriff auf die Datenbank gesperrt werden oder muss die Sicherung parallel zum normalen Betrieb erfolgen? Die Antworten auf diese Fragen haben Einfluss darauf, welche Produkte zu Datenhaltung und Back-up eingesetzt werden. Nicht jedes günstige Datenbanksystem kann im laufenden Betrieb gesichert werden.

- Welche Konsequenzen hat es, wenn der Server durch einen technischen Defekt (z. B. eine defekte Festplatte) ausfällt? Wie lange darf so ein Ausfall dauern?

4.3.5 Authentizität

Sicher haben Sie auch schon E-Mails erhalten, worin Sie aufgefordert werden, einen Link anzuklicken, um auf Ihrer Bankhomepage Ihr Konto zu bestätigen. Die Internetseite, auf die der Link verweist, schaut genau so aus wie die Homepage Ihrer Bank – also ist doch alles in Ordnung oder nicht? Sie als Benutzer müssen überprüfen können, dass Sie wirklich bei Ihrer Bank gelandet sind und nicht auf einer nachgemachten Seite, deren Ziel es ist, an die Zugangsdaten für Ihr Konto heranzukommen.

Als Betreiber eine Web-Applikation sind Sie auf der anderen Seite ebenfalls daran interessiert, ob der «Herr Meier» auch wirklich der Herr Meier ist, der soeben eine Bestellung in Ihrem Webshop getätigt hat.

4.3.6 Vertraulichkeit

Stellen Sie sich vor, Ihre Web-Applikation bietet den Benutzern die Möglichkeit, für einen einfachen Einkauf in der Zukunft die kompletten Benutzerdaten inklusive Kreditkartennummern zu hinterlegen. Dazu muss der Benutzer sich mit einem Benutzernamen und einem Passwort anmelden. Jeder Benutzer wird davon ausgehen, dass solch heikle Informationen von Ihnen vertraulich gehandhabt werden. Schon die Übertragung der Kreditdaten und des Passworts darf nicht von unberechtigten Personen abgefangen werden. Wie gehen Sie mit solchen Herausforderungen um? Kann Ihre Web-Applikation diese Vertraulichkeit garantieren? Wie speichern Sie die Passwörter und Kreditkartennummern? Kann da jemand unberechtigterweise darauf zugreifen? Das sind ganz wichtige Fragen. Natürlich sind nicht alle Daten so heikel wie Kreditkarteninformationen. Für welche Informationen sind höhere Ansprüche an die Vertraulichkeit notwendig? Gerade in diesem Bereich kann es gesetzliche Vorgaben geben, die Sie berücksichtigen müssen.

4.4 Sicherheitsaspekte

Würden Web-Applikationen für sich alleine stehen, wäre die Anforderung der Sicherheit bereits erfüllt, wenn sie fehlerlos funktionieren. Da sie typischerweise aber mit Besuchern interagieren und für diese auch erreichbar sein müssen, kommt eine neue Dimension hinzu: Web-Applikationen müssen auch alle Eingaben von Benutzern bestehen können. Unser Augenmerk richten wir also hauptsächlich auf die Stelle einer Applikation, wo Daten von der «Aussenwelt» ins Innere des Script gelangen können.

Sicherheit in Web-Applikationen

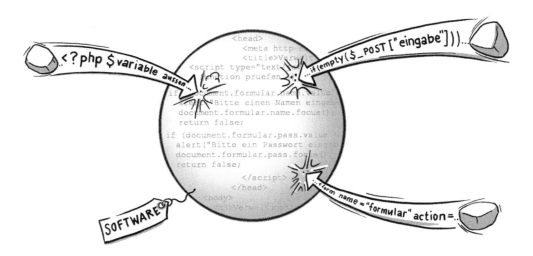

Grundsatz: Sicherheit soll möglichst nicht stören

Sicherheit ist Pflicht, und trotzdem sollten Sie dabei eine Balance zwischen Sicherheit und Benutzerfreundlichkeit suchen. Fühlt sich nämlich ein Benutzer durch allzu strenge Sicherheitsvorkehrungen eingeengt, steigt seine Motivation, diese zu umgehen, um sich das Leben zu erleichtern.

Wenn Sie beispielsweise eine sehr strenge Passwortrichtlinie wählen, die die Benutzer jeden Monat zwingt, ein neues Passwort zu wählen, das zudem mindestens 10 Zeichen lang ist und mindestens 3 Sonderzeichen beinhaltet, dann werden sich die Benutzer drei entsprechende Passwörter auf ein Blatt Papier schreiben und dieses an die nächste Wand heften, um jeden Monat wieder das nächste auf der Liste auszuwählen. Betritt dann einmal eine fremde Person das Büro, waren die ganzen Sicherheitsvorkehrungen des Systems umsonst.

Es gilt also, diese Aspekte bei der Planung der VerwaltungsNews zu berücksichtigen.

Aufgrund der erwarteten Funktionen erstellen Sie eine Übersicht der Funktionalitäten und der sicherheitsrelevanten Fragen, die dabei auftauchen:

[4-2]   Komponentendiagramm

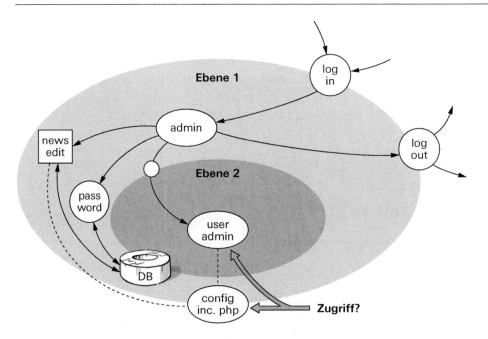

Die einzelnen «Sicherheitszonen», also **Domänen,** die nur mit einer bestimmten Zugriffs-
stufe erreicht werden können, sind durch Flächen gekennzeichnet. Die **Benutzerpfade,**
die ein Benutzer normalerweise verwendet, sind durch Pfeile markiert.

4.4.1   Fragen zur Sicherheit stellen und mögliche Antworten geben

Für die Planung Ihrer Applikation stellen Sie sich Fragen zur Sicherheit und beantworten
Sie diese, so gut Sie können. Das Frage-Antwort-Spiel führen Sie so lange fort, bis Ihnen
keine Möglichkeit mehr einfällt, das System zu umgehen. Hier ein paar Beispiele:

Mögliche Frage	Mögliche Antwort
Wie verhindere ich, dass jemand, der direkt die News-Bearbeitungsseite aufruft, diese verwenden kann?	Sämtliche Seiten innerhalb der «Sicherheitsdomäne» sind für fremde Benutzer gesperrt.
Wie unterscheide ich fremde Benutzer von zugelassenen Benutzern?	Jeder Benutzer muss beim ersten Zugriff beweisen, dass er zugelassen ist.
Wie erreiche ich, dass jeder Benutzer auf eine Zulassungsprüfung umgeleitet wird?	Jede Seite muss einen Mechanismus eingebaut haben, der ihn auf die Zulassungsprüfung umleitet, wenn er nicht schon dort war.
Wie verhindere ich, dass jemand direkt auf die Datenbank zugreift und Zugangs- daten manipuliert?	Die Datenbank soll nur auf demselben Host zur Verfügung stehen. Der Zugang ist passwortgeschützt.
Wie verhindere ich, dass jemand, der Zugriff auf die News-Bearbeitungsseite hat, auf die User-Bearbeitungsseite zugreift?	Die Zulassungsprüfung muss offenbar mehrere Arten von Zulassungen unterstützen, damit dies realisiert werden kann.

4.4.2   Antworten auswerten und entsprechende Massnahmen auflisten

In einem zweiten Schritt werten Sie die Antworten aus und stellen eine Liste von möglichen Massnahmen bzw. Techniken zusammen, die Sie für die Erledigung der entsprechenden Aufgaben beiziehen könnten:

Aufgabe	Mögliche Massnahme bzw. Technik
Sämtliche Seiten innerhalb der «Sicherheitsdomäne» sind für fremde Benutzer gesperrt.	Jede Seite könnte ermitteln, woher der Benutzer kommt. Wenn er von einer anderen Seite innerhalb der Sicherheitsdomäne kommt, wäre er theoretisch vertrauenswürdig oder etwa nicht?
Jeder Benutzer muss beim ersten Zugriff beweisen, dass er zugelassen ist.	Benutzer könnten durch Sessions «verfolgt» werden. Wer noch keine gültige Session hat, ist offenbar neu und wird weitergeleitet.
Jede Seite muss einen Mechanismus eingebaut haben, der ihn auf die Zulassungsprüfung umleitet, wenn er nicht schon dort war.	In jede Seite könnte ein Script eingebunden werden, das feststellt, ob eine Session vorhanden ist.

Haben Sie zur Lösung einer Aufgabe gleich mehrere Ideen, vergleichen Sie die entsprechenden Massnahmen bzw. Techniken miteinander und unterziehen sie einer kritischen Prüfung. Bewerten Sie dabei, ob die Idee sicher und flexibel genug ist, um möglichst viele (gedankliche) Nutzungsszenarios zu bestehen. Abschliessend wählen Sie diejenige Lösung aus, die am zuverlässigsten erscheint.

In der obigen Liste muss z. B. die erste Massnahme aus folgenden Gründen verworfen werden:

- Die Herkunft wird vom Browser gesendet und kann beliebig gefälscht werden.
- Wird diese Massnahme umgesetzt, ist es nicht möglich, weiter zu surfen und später zurückzukehren. Im Gegenteil: ein falscher Klick und man ist aus dem Verbund rausgeflogen und muss sich neu anmelden.

4.4.3 Datenvalidierung

Die oben aufgeführten Massnahmen bringen schon viel, aber etwas Wichtiges fehlt noch. Benutzer geben Daten ein, an die wir oftmals spezielle Anforderungen stellen. So ist z. B. der 31. Februar kein gültiges Datum. Wir müssen also sicherstellen, dass ungültige Eingaben abgefangen werden. Dies kann und muss an zwei Stellen passieren: auf dem Client im Frontend und auf dem Server im Backend.

Warum?

Da die eingegebenen Daten erst an den Server übermittelt werden, wenn der Benutzer eine entsprechende Funktion aufruft (z. B. einen Senden-Knopf betätigt), weiss der Benutzer erst dann, dass etwas nicht stimmt, wenn der Server eine Fehlermeldung zurückschickt. Dies ist unbefriedigend. Sie haben aber bereits gesehen, dass mit JavaScript eine Programmiersprache im Browser zur Verfügung steht, die eine direkte Interaktion mit dem Benutzer ermöglicht. Sie sollten daher alle Möglichkeiten nutzen, im Browser direkt bei der Dateneingabe Validierungen zu machen, und den Benutzer gleich auf Fehleingaben hinweisen.

Dann ist ja alles gut, wenn nun die Daten auf dem Server ankommen, sind sie sicher gültig! Nein! Sie können sich nicht darauf verlassen, dass alle Validierungen im Browser korrekt abgelaufen sind. Der JavaScript-Code kann im Browser manipuliert werden oder JavaScript wird sogar ganz abgeschaltet. Dann findet keine Validierung statt. Ebenfalls ist es sehr einfach möglich, eine GET-URL zu manipulieren und so ungültige Daten zu übermitteln. Sie müssen also unter allen Umständen die Validierung der Daten auf dem Server noch einmal durchführen. Dies ist zusätzlicher Programmieraufwand, der aber absolut notwendig ist. Lieber verzichten Sie auf die Clientside-Validierung!

In der **Analysephase** informieren Sie sich beim Zielpublikum (Auftraggeber) über Ihre genaue Aufgabe. Dies erreichen Sie beispielsweise zuverlässig mithilfe der «W-Fragen» (was, wann, wie? usw.). Anhand dieser Fragen ermitteln Sie, welches die genauen Anforderungen an die Web-Applikation sind und wie Sie diese erfüllen können.

Sie unterscheiden zwischen **funktionalen** und **nichtfunktionalen Anforderungen.** Bei den nichtfunktionalen Anforderungen müssen Sie Fragen zu Performance, Barrierefreiheit, Datenintegrität, Verfügbarkeit, Authentizität und Vertraulichkeit stellen.

Um bereits in dieser Phase die **Sicherheitsaspekte** zu berücksichtigen, spielen Sie in Gedanken verschiedene Benutzerszenarios durch, um möglichen Schwachpunkten auf die Spur zu kommen.

Ein wichtiger Punkt ist die **Eingabevalidierung.** Diese muss in jedem Fall auf dem Server gemacht werden, um ungültige Daten zu vermeiden, jedoch ist es für den Benutzer angenehm, wenn Sie die Validierung zusätzlich (nicht anstatt!) auch auf dem Client machen.

Repetitionsfragen

---

15 Mit welcher Technik können auf einfache Weise die Fakten, die für das Projekt wichtig sind, ermittelt werden?

---

16 Was ist der Unterschied zwischen Vertraulichkeit und Authentizität?

---

17 Warum müssen Sie Eingaben zweimal validieren, einmal auf dem Client und einmal auf dem Server?

---

5 Funktionalität entwerfen und Umsetzung planen

Nachdem klar ist, was die Aufgaben der neuen Applikation sein sollen, gehen Sie nun daran, die Umsetzung zu planen.

5.1 Aufteilung Frontend / Backend

Wie Sie gesehen haben, besteht eine Web-Applikation aus dem Serverteil (Backend) und dem Clientteil (Frontend). In beiden Teilen können Sie Funktionalität realisieren. Jetzt müssen Sie entscheiden, was auf dem Server programmiert wird und was auf dem Client gemacht werden soll.

Folgende Punkte müssen Sie bedenken:

- Bei der Programmierung auf dem Server stehen der Applikation normalerweise sehr viel mehr Ressourcen (Arbeitsspeicher, CPU-Leistung) zur Verfügung als z. B. auf einem Smartphone. Realisieren Sie deshalb alle **performance- und resourcekritische Funktionen** auf dem Server.
- Alle **sicherheitskritischen Funktionen** gehören ebenfalls ins Backend. Kein Benutzer hat dort die Möglichkeit, auf Ihren Code zuzugreifen und in die Verarbeitung einzugreifen. Auf dem Server ist Ihr Code sehr viel besser vor unberechtigtem Zugriff geschützt.
- Alle **Datenvalidierungen** müssen auf dem Server gemacht werden. Nur dann haben Sie die Sicherheit, dass Ihnen keine (böswillig) manipulierten Daten untergeschoben werden.
- Machen Sie **Eingabevalidierungen** zusätzlich im Frontend, um dem Benutzer eine möglichst angenehme Bedienung zu bieten.
- Die **Benutzerschnittstelle** sollte nah beim Benutzer realisiert werden. Programmieren Sie diese so, dass der Code auf dem Client läuft. Sie können im Client fast beliebig aufwendige Benutzerschnittstellen mit hoher Performanz und Bedienbarkeit realisieren.

5.2 Datenmodell und Datenbank

Wenn Ihre Applikation mit einer Datenbank arbeitet, müssen Sie selbstverständlich auch die passende Datenbank resp. die zugehörigen Tabellen entwerfen. Dies stellen Sie in einem **ERD**[1] dar, einer Darstellungsart, die Verknüpfungen zwischen den Tabellen mit Symbolen sichtbar macht.

Die **Datenbank des News Client** ist relativ simpel. Sie besteht aus einer einzigen Tabelle und sieht so aus:

---

[1] Abkürzung von engl. Entity Relationship Diagram, Entitäten-Beziehungsdiagramm, grafische Darstellung von Beziehungen zwischen Objekten, verbreitete Art der Darstellung von Strukturen relationaler Datenbanken.

[5-1]   Tabelle der Datenbank «News Client»

stadtverwaltung.**verwaltungsnews**
id int(11)
datum date
zeit time
titel varchar(255)
text text

5.3   Benutzerschnittstelle

Ebenfalls in die Entwurfsphase gehört die Erstellung des optischen Erscheinungsbilds (auch: **Layoutmuster**). Dabei geht es weniger darum, nette Hintergrundbilder mit der gewählten Schriftart abzugleichen, sondern das Erscheinungsbild funktional zu planen, damit der Benutzer optimal damit arbeiten kann.

In unserem Fall wird die Applikation ein Teil einer Webseite werden, die andere Leute gestalten. Folglich soll das Design dieser Vorlage folgen. Sie können also nur noch die Anordnung der Elemente auf der News-Bearbeitungsseite wählen. Das sieht dann z. B. so aus:

[5-2] Layoutmuster für den News-Bearbeitungsclient

Titelbalken & Navigation (fest)

TitelTitelTitel

Titel

Text

0000-00-00 / 00:00
TitelTitelTitel
TextTextTextTextTextTextTextTextTextTextTextText
TextTextTextTextTextTextTextTextTextTextTextText
bearbeiten löschen

0000-00-00 / 00:00
TitelTitelTitel
TextTextTextTextTextTextTextTextTextTextTextText
TextTextTextTextTextTextTextTextTextText
bearbeiten löschen

800 x 600

0000-00-00 / 00:00
TitelTitelTitel
TextTextTextTextTextTextTextTextTextTextText
TextTextTextTextTextTextTextTextTextTextText
bearbeiten löschen

0000-00-00 / 00:00
TitelTitelTitel
TextTextTextTextTextTextTextTextTextTextText
TextTextTextTextTextTextTextTextTextTextText
bearbeiten löschen

1024 x 768

Zum Layoutmuster gehört auch eine Beschreibung der Funktionalität. Was «erlebt» der Benutzer auf der Seite? Wie ist sie zu bedienen? Grafische Darstellung und Beschreibung zusammen werden auch als **Storyboard**[1] bezeichnet.

In komplexeren Anwendungen bewegt sich der Benutzer zwischen verschiedenen Ansichten hin und her. Dann müssen Sie natürlich für jede Ansicht resp. Webseite ein Layoutmuster entwerfen. Ebenfalls ganz wichtig ist die Navigation: Wie wechselt der Benutzer zur nächsten Seite? Welche Knöpfe oder Menüs müssen vorhanden sein und wie sind die Navigationspfade?

All das können Sie gut in einer Grafik darstellen. Man nennt eine solche Darstellung **Screenflow**[2].

[1] Englisch für: Drehbuch.

[2] Englisch für: Bildschirmfluss, Bildschirmablauf.

[5-3] Screenflow

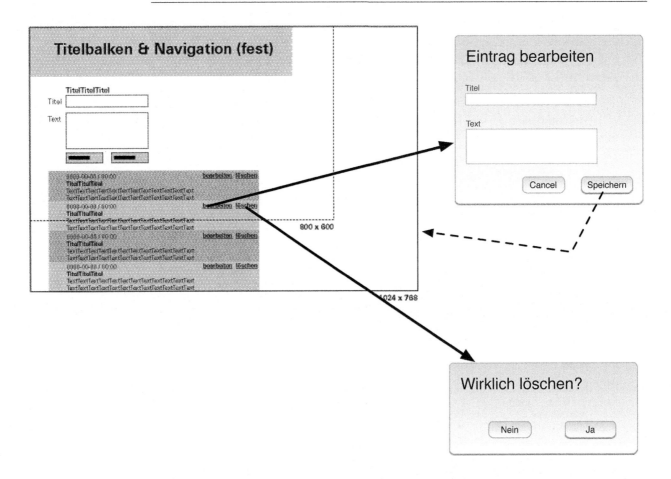

Layoutmuster, Storyboard und Screenflowdiagramme sind sehr gute Werkzeuge, um mit dem Kunden und den Benutzern schon vor der Realisierung Bedienungs- und funktionale Abläufe zu klären.

5.4   Struktogramme erstellen

Das **Struktogramm** ist eine grafische Darstellung der Logik eines Programms. Das heisst, das Programm wird so dargestellt, wie später auch der Programmcode aussehen wird. Anstelle von echtem Code verwendet man aber normale Sprache zum Beschreiben der Vorgänge. Folgendes Struktogramm repräsentiert den Code für die Newsanzeige (siehe Struktogramm):

[5-4]   Struktogramm Newsanzeige

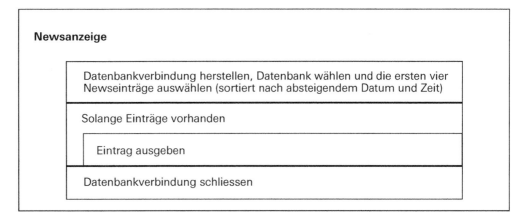

Die **Entwurfsphase** ist erst abgeschlossen, wenn Sie für jeden einzelnen Teil Ihrer Applikation eine **grafische Darstellung** (in diesem Fall ein Struktogramm) vorweisen können.

Im Projekt «News Client» fehlen also noch Struktogramme. Diejenigen nämlich des News-Bearbeitungsclients (Struktogramm). Diese werden hier auszugsweise dargestellt und könnten etwa so aussehen:

[5-5]   Struktogramm News-Bearbeitungsclient

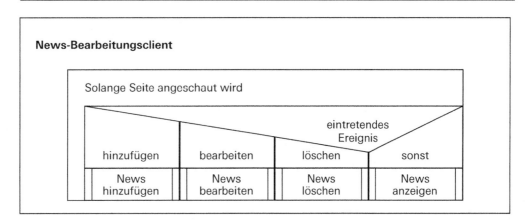

[5-6]   Struktogramm Unterprogramm «News hinzufügen»

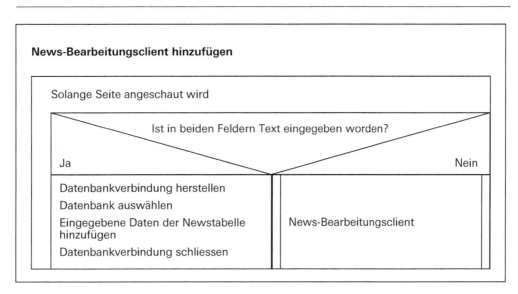

In der **Dokumentation** platzieren Sie nicht nur diese Struktogramme. Falls Sie einen Schritt auf eine besonders spezielle Art gelöst haben, verfassen Sie ebenfalls einen kurzen Erklärungstext, der Ihren **Lösungsweg** begründet. Zum News-Bearbeitungsclient könnte er so lauten:

«Der News-Bearbeitungsclient zeigt, wenn er geladen wird, alle Einträge an. Hinter jedem Eintrag findet man einen Bearbeitungs- und einen Löschlink. Da es sich bei der Routine zum Löschen eines Eintrags lediglich um zwei Zeilen Code handelt, wurde er direkt in diese Seite integriert.

*Auch auf dieser Seite findet sich **ein Formular,** mit dem man neue Newseinträge erfassen kann. Dies bietet sich an, damit man beim Erstellen eines Eintrags die älteren News immer im Auge behalten kann. Es hat sich herausgestellt, dass viele Benutzer während der Eingabe von solchen Daten den Wunsch verspüren, die bisherigen Einträge anzuschauen.*

*Beim **Absenden des Formulars** wird ebenfalls, wie beim Löschen, eine Routine auf derselben Seite aufgerufen, da es dafür auch nur wenige Zeilen Code braucht.*

Nur beim Bearbeiten eines Eintrags wird auf eine zweite Seite gewechselt. Dies bietet sich an, da so der Code der ersten Seite relativ einfach gehalten werden kann. Auf dieser zweiten Seite befindet sich ein ähnliches Formular wie auf der ersten Seite. Der zu bearbeitende Eintrag wird darin angezeigt. Nach Betätigung der Schaltfläche [Speichern] wird der Eintrag in der Datenbank aktualisiert und der Benutzer gelangt wieder zur Hauptbearbeitungsseite, in der die Einträge aufgelistet sind.»

Diese Beschreibung sollte mit dem Storyboard übereinstimmen.

5.5 Realisierungskonzept erstellen

Nachdem Sie die Anforderungen der Verwaltung in der Analysephase erfasst haben, erarbeiten Sie sich als Richtschnur für den weiteren Projektablauf ein **Realisierungskonzept,** in dem alle relevanten Informationen des Projekts aufgeführt sind. Ziel ist es, ein Dokument zu erhalten, das

- den beteiligten Parteien als verbindliche Abmachung über die Ziele des Projekts sowie der abgemachten Termine dienen kann.
- Ihnen selber als Entwicklungshilfe dient, da darin die zu realisierende Funktionalität vollständig beschrieben ist.

Üblicherweise ist das Realisierungskonzept ein Vertragsbestandteil, also massgebliches Dokument zur Kontrolle, ob der Auftrag im Sinne der Auftragstellung erfüllt wurde:

- Allgemeine Projektangaben
- Meilensteine des Projekts (Termine)
- Anforderungen: Eigenschaften und Funktionen der Applikation
- Analyse: Ist-Situation
- Analyse: Zielgruppe(n)
- Technische Rahmenbedingungen

Zudem können Sie bereits erste Ideen zu **Lösungsansätzen** und möglichen **Lösungsvarianten** notieren.

Für unser Beispielprojekt könnte das Realisierungskonzept wie folgt aussehen:

Projekt: News Client für die städtische Verwaltung	
1. Angaben zum Projekt	
Auftraggeber:	Städtische Verwaltung
Auftragserteilung:	tt.mm.jjjj
Ausführung durch:	\<Vorname Name\>, Web Engineer, margorp AG
Meilensteine	Termin
Realisierungskonzept	tt.mm.jjjj
Programmentwurf	tt.mm.jjjj
Quellcode	tt.mm.jjjj
Testplan	tt.mm.jjjj
Testbericht	tt.mm.jjjj
Realisierungskonzept	

Dieses Dokument wurde aufgrund der Informationen erstellt, die Herr Müller (Projektverantwortlicher bei margorp AG) beim Briefing vom tt.mm.jjjj bei der städtischen Verwaltung erhalten hat.

1 Analyse

1.1 Ist-Situation

Das Intranet der städtischen Verwaltung ermöglicht es seinen Mitarbeitenden, interne Informationen wie Dienst- und Ferienpläne sowie Dokumente abzurufen. Vor einigen Wochen wurden die dezentralen Informationen zu einer Art Portal zusammengeführt, bei der nun zentral auf alle Ressourcen zugegriffen werden kann. Viele Mitarbeitende tun sich noch schwer mit der neuen zentralen Plattform.

1.1 Zielgruppe(n)

- Zielgruppe des News-Bearbeitungsclients sind Mitarbeitende dieser städtischen Verwaltung. Diese haben eine mittlere Schulbildung (KV).
- Alle Mitarbeitenden sind geübt im Umgang mit Computern (Word, Excel, Verwaltungssoftware).
- Zielgruppe des News-Outputs (auf der Startseite) sind alle Bewohner der Stadt.

1.2 Technische Rahmenbedingungen

Umgebung, Hardware

- Der Webserver, auf dem die Webseite später laufen soll, ist ein Apache (Version 2.4.6), auf dem PHP (Version 5.5.1) und MySQL (Version 5.6.12) installiert sind. Er läuft auf einem Ubuntu 12.04 LTS. Dem Account ist genügend Speicherplatz zugewiesen (10 GB). Als Server fungiert ein AMD Opteron® 16-core mit 2.1 GHz Takt und 8 GB RAM.
- Es ist ein durch den Webserver geschützter Bereich vorhanden, in dem der Bearbeitungsclient platziert werden kann.

Programmier- bzw. Scriptsprache(n)

- Die Applikation wird serverseitig mit PHP in der Version 5.1.6 realisiert.
- Clientseitig werden JavaScript™ 1.8.5 und HTML5 eingesetzt.

Software und Versionen

- PHP-Entwicklungsumgebung: Eclipse mit PDT Eclipse Plug-in
- Dokumentation auf Open Office™ 4 (.odt Open Document Text)
- Grafiken auf Gimp 2.8.6

2 Anforderungen (Soll-Zustand)

2.1 Eigenschaften der Applikation

Erwartet wird eine Web-Applikation, mit deren Hilfe man News auf der Webseite publizieren kann. Die Eingabe neuer Einträge und die Veränderung bestehender sollen durch jede Person durchgeführt werden können.

2.2 Funktionen der Applikation

- Man soll auf einer Seite (die im passwortgeschützten internen Bereich untergebracht wird) News eingeben können, die aus einem Titel und einem Text bestehen. HTML-Code soll dabei nicht verwendet werden können resp. keinen Effekt haben.
- Die Newseinträge sollen in einer Datenbank gespeichert werden.
- Weiter soll man bereits eingegebene News bearbeiten oder löschen können. Wenn man einen Newseintrag löschen will, soll zuerst noch ein Bestätigungsdialog erscheinen. Zur Übersicht sollen alle diese News auf dieser internen Seite aufgelistet werden.
- Auf der (öffentlichen) Webseite sollen dann jeweils die neusten vier News angezeigt werden, wobei der letzte Eintrag immer zuoberst stehen soll. Weiter soll auch angezeigt werden, an welchem Datum und zu welcher Uhrzeit der Eintrag erstellt worden ist.
- Es handelt sich also um eine Applikation, die aus zwei Teilen besteht, einem Bearbeitungs- und einem Anzeigemodul.

2.3 Eingaben

- Vom Benutzer eingegeben werden nur Titel und Text der News. Datum und Zeit, die zur korrekten Einordnung benötigt werden, sollen von der Applikation generiert werden.

2.4 Ausgaben

- Im Anzeigemodul sollen die neusten vier Newseinträge untereinander angezeigt werden, jeweils mit einem Titel (fett), hinter dem in kleiner Schrift das Datum und die Uhrzeit stehen sollen. Unter dieser Zeile soll dann gleich der Newstext folgen.

3 Lösungsansätze

3.1 Lösungsvariante 1: News in HTML

Die Abteilungsleiter senden ihre News per E-Mail an den Internetverantwortlichen, der diese mit dem HTML-Editor in die Seite einfügt.

3.2 Lösungsvariante 2: <Titel>

Gegebenenfalls Beschreibung eines weiteren Lösungsansatzes

4 Realisierungsvorhaben

4.1 Systemvoraussetzungen (Hardware)

<Neue Hardware(komponenten), falls diese angeschafft werden müssen (in diesem Fall nicht notwendig)>

4.2 Funktionalität der Software

- **News Publikationssystem auf Datenbankbasis:** Möglichkeit der Erfassung, Bearbeitung und Löschung von Einträgen (Titel, Text, Zeit / Datum, Autor/-in) beliebiger Länge. Aussehen soll dem Verwaltungs-Intranet anpassbar sein.
- **Zeitlich begrenzte Anzeige der Einträge:** Beiträge sollen nach einstellbarem Zeitintervall nicht mehr angezeigt werden, aber trotzdem gespeichert bleiben.
- **Benutzerbasierte Authentifizierung für Zugang zum Bearbeitungsclient:** Eine beliebige Anzahl Benutzer soll sich anmelden können, um News zu verfassen. Beim Bericht soll der Name des Benutzers erscheinen. Benutzer sollen sich mit Benutzername / Passwort anmelden (und auch wieder abmelden) können. Das Passwort soll von den Benutzern geändert werden können.
- **Benutzerbasis einfach bearbeitbar bzw. erweiterbar:** Eine Untermenge der Benutzer soll die Möglichkeit haben, Benutzer zu bearbeiten, neu zu erstellen und zu löschen.

4.3 Zielplattform

- **Newsanzeige:** Da die Newsanzeige (auch: News-Output) in die Startseite der Webseite eingebettet wird, muss die der Webseite zugrunde liegende Richtlinie befolgt werden. Dort ist folgende Unterstützung geplant: Ab Netscape™ 4, Internet Explorer™ 5, Opera™ 5, Firefox 1.0 systemunabhängig.
- **News-Bearbeitungsclient:** Da in der Verwaltung nur PCs mit Netscape 6.2 eingesetzt werden, muss grundsätzlich nur dieser unterstützt werden. Trotzdem sollen bei der Seitengestaltung so weit als möglich offizielle Standards unterstützt werden.
- Das ganze System soll auch an **Bildschirmen mit einer Auflösung von nur 800 × 600 Pixeln** komfortabel bedienbar sein.

4.4 Zieladressen (URL)

- **Newsanzeige:** Auf der Startseite des Webauftritts der Verwaltung: http://verwaltung.eine-stadt.ch/index.php
- **News-Bearbeitungsclient:** Auf einer Seite des durch Verzeichnisschutz geschützten internen Bereichs: http://verwaltung.eine-stadt.ch/intern/news_admin.php

4.5 Zeitplan

<Siehe separates Dokument «Zeitplan»>

Hinweis

▷ Vergleichen Sie zum Zeitplan (Aufwandschätzung) das Kapitel 5.6, S. 57.

Die schriftlich festgehaltenen Anforderungen können Sie später benutzen, um die Applikation zu testen (vgl. Kap. 11.1, S. 149).

5.6 Ressourcen planen

Sie haben nun alle Informationen beisammen, die Sie benötigen, u. a. auch, wann die einzelnen Dokumente von Ihrem Vorgesetzten erwartet werden. Deshalb sollten Sie jetzt in der Lage sein, den ungefähren Aufwand einzuschätzen, den Sie für das Projekt benötigen. Erstellen Sie nun einen Zeitplan, in dem Sie Ihre Zeit bzw. Ihren Aufwand nach Tätigkeiten planen. Ein solcher **Zeitplan** kann so aussehen:

[5-7]   Zeitplan: Der zeitliche Aufwand für die einzelnen Projektphasen wird abgeschätzt

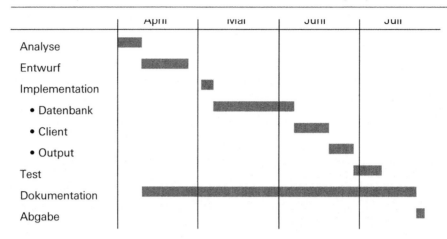

Berechnen Sie immer genügend Reserven ein, um auch bei unvorhergesehenen Zwischen-
fällen noch reagieren zu können.

Hinweis

▷ Je mehr Erfahrung Sie haben, desto genauer können Sie einschätzen, wie viel Zeit Sie
für eine bestimmte Aufgabe benötigen. Für den Anfang sollten Sie auf den geschätzten
zeitlichen Aufwand noch einmal die Hälfte der Zeit draufschlagen.

Während des Projekts tragen Sie im Zeitplan laufend ein, wie viel Zeit Sie effektiv für die
einzelnen Phasen benötigt haben. Am Schluss haben Sie einen **Soll-Ist-Vergleich,** der
Ihnen hilft, beim nächsten Projekt genauer zu planen.

[5-8]   Soll-Ist-Vergleich: Der geschätzte Zeitaufwand wird dem tatsächlichen
        Zeitaufwand gegenübergestellt

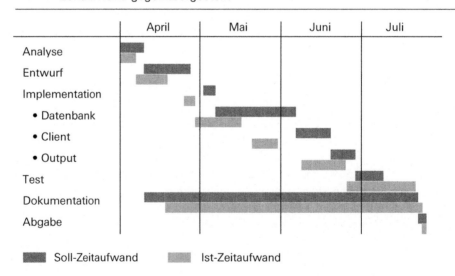

Im obigen Beispiel wurde zu viel Zeit für die Analyse und den Entwurf einberechnet, dafür
dauerte der Test um einiges länger als geplant. Beim nächsten vergleichbaren Projekt
sollten Sie also weniger Zeit für die Entwurfsphase, aber mehr Zeit für die Testphase ein-
planen.

Als erste und wichtigste Stufe des Projekts haben Sie die **Planungsphase** kennengelernt. In dieser Phase ermitteln Sie sämtliche Informationen, die für die Durchführung des Projekts wichtig sind.

Als Resultat der Planung erstellen Sie das **Realisierungskonzept,** ein Dokument mit allen wichtigen Daten des Projekts. Auf Basis dieser Informationen können Sie auch bereits einen Zeitplan erstellen.

Das Realisierungskonzept soll folgende **Informationen** beinhalten:

- Angaben zum Projekt (Projektbezeichnung, Auftraggeber etc.)
- Angaben zum Dokument selber (Versionen etc.)
- Meilensteine des Projekts (wann muss was fertig sein?, Termine)
- Präzise Eigenschaften der Applikation (was muss die Software am Schluss leisten können?)
- Zielgruppendefinition (welche Personen oder Gruppen müssen mit dem Produkt arbeiten?)
- Rahmenbedingungen (auf welchen Systemen wird die Applikation laufen?)
- Aufwandsabschätzung (Zeitplan des Projekts)

In einem zweiten Schritt entwerfen Sie **Layoutmuster** und **Storyboard** sowie ein erstes **Modell der Datenbank.** Ebenfalls überlegen Sie sich, wie die Applikation grundsätzlich aufgebaut und der Code strukturiert werden soll.

Repetitionsfragen

18	Beschreiben Sie in zwei, drei Sätzen, welche Rolle das Realisierungskonzept im Rahmen der Softwareentwicklung spielt.
19	Nennen Sie die sechs Teile (Kapitel) eines Realisierungskonzepts.
20	Erläutern Sie in wenigen Sätzen, warum Sie während des Projekts die effektiv benötigte Zeit im Zeitplan nachtragen sollten.

6 Tests vorbereiten und planen

Sie können sich zwar einfach einmal hinsetzen und mit Ihrer Applikation zu «spielen» beginnen. Sicher werden Sie so sogar den einen oder anderen Fehler finden und korrigieren können. Allerdings ist so ein Vorgehen nicht sehr effizient. Wie jede andere Tätigkeit bei der Softwareentwicklung sollten Sie auch das Testen planen. Hierbei gibt es einige Dinge zu beachten, sodass am Schluss nichts Wichtiges vergessen wird.

6.1 Was soll getestet werden?

Folgende Bereiche müssen Sie in Ihren Test berücksichtigen:

- Datenvalidierung
- Bedienbarkeit
- Datenkonsistenz
- Sicherheitsaspekte

Vergessen Sie nicht, dass Sie alles sowohl im Frontend wie auch im Backend testen!

6.2 Welche Testarten gibt es?

Es gibt ganz unterschiedliche Arten, wie ein Programm getestet werden kann.

6.2.1 Blackbox-Test

Bei einem Blackbox-Test betrachten Sie die Applikation als schwarzen Kasten, dessen Innenleben Sie nicht kennen. Sie testen quasi anhand der Bedienungsanleitung. Das ist so, wie ein Benutzer die Arbeit mit der Applikation erlebt.

6.2.2 Whitebox-Test

Beim Whitebox-Test gehen Sie davon aus, dass Sie den inneren Aufbau und den Code der Applikation kennen (der «Kasten» ist weiss / durchsichtig). Sie sind daher in der Lage, ganz andere und viel detailliertere Testschritte durchzuführen. Sie können z. B. ganz gezielt einen Test machen, bei dem eine spezielle Fehlerbehandlung notwendig wird, und so überprüfen, ob das auch wirklich passiert. Ein Entwickler mit Zugriff auf den Code kann solche Tests machen.

6.2.3 Konstruktiver Test

Wenn Sie Tests machen, um z. B. Ihrem Kunden zu zeigen, dass alles korrekt funktioniert, spricht man von konstruktivem Testen. Das Ziel eines solchen Tests besteht darin, zu zeigen, dass der Kunde alles erhält, was er von der Applikation erwartet.

6.2.4 Destruktiver Test

Im Gegensatz zum konstruktiven Test versucht man beim destruktiven Testen gezielt die Applikation in Bedrängnis zu bringen. Hier geht es nicht darum, dass etwas korrekt ist, sondern man sucht bewusst Probleme. Destruktive Tests sind sehr wichtig, aber nicht immer ganz einfach. Wer soll denn solche Tests machen? Der Programmierer einer Funktion weiss ja genau, was er programmiert hat; für ihn ist es nicht einfach, seinen eigenen Code «kaputt» zu testen. Wenn Sie Tests anschauen, die ein Entwickler macht, finden Sie meistens konstruktive Tests. Der Entwickler will doch zeigen, was er gut und richtig gemacht hat und nicht, welche Fehler im Code sind.

6.3 Testplan erstellen

Bevor Sie mit dem Programmieren beginnen, planen Sie die Applikationstests mithilfe der Angaben aus Ihrem Realisierungskonzept. Dazu erstellen Sie einen **Testplan (manchmal auch Testprogramm genannt),** mit dem folgende Testsituationen jeweils anhand mehrerer Testfälle getestet werden sollen:

- Normale Benutzung der Applikation mit gültigen Eingaben
- Normale Benutzung der Applikation mit Varianten gültiger Eingaben
- Normale Benutzung der Applikation mit ungültigen Eingaben
- Unvorhergesehene Benutzung der Applikation
- Gesamteindruck

Sie erstellen dazu eine **Testtabelle,** in der Sie die einzelnen **Testsituationen** darstellen. Beschreiben Sie ebenfalls, welche Reaktion Sie von der Applikation erwarten. Ein solcher Testplan des Bearbeitungsclients kann etwa so aussehen:

Testsituation	Testfall	Beschreibung	Erwartetes Verhalten	Testresultat
Normale Benutzung **Gültige Eingaben**	1.1	Eingabe (gültiger) Zugangs-informationen «Peter Müller» und «testpasswort» bei der Log-in-Maske.	Formular wird verarbeitet, Log-in gelingt, Administrationsübersicht wird geladen.	
	1.2	Eingabe eines neuen Newseintrags mit Titel «Nächste Woche Ferien» und Text «Die gesamte Verwaltung ist vom 12. bis 18. Juli abwesend». Druck auf den «Hinzufügen»-Button.	Eintrag wird der Datenbank hinzugefügt, Seite neu geladen, neuer Eintrag erscheint in der Liste.	
	1.3	Passwort ändern: Eingabe des momentanen («testpasswort») und des neuen Passworts («abcd») in die Eingabemasken. Druck auf den «Speichern»-Button.	Passwort wird geändert, es erscheint eine Bestätigung.	
	1.4	…	…	…
Normale Benutzung **Varianten gültiger Eingaben**	2.1	In die Felder der Newseingabe HTML-Code einfügen.	HTML-Code wird herausgefiltert.	
	2.2	Neuen Benutzer erstellen, der Hochkommata im Namen trägt: «Max' Account»	Benutzer wird erzeugt. Sonderzeichen wird behandelt und hat keine Auswirkungen.	
	2.3	…	…	
Normale Benutzung **Ungültige Eingaben**	3.1	Log-in-Formular mit leeren Feldern absenden.	Eine JavaScript-Warnmeldung erscheint und weist auf den Fehler hin.	
	3.2	Hinzufügen eines neuen Benutzers mit allen Feldern leer.	Seite wird unverändert neu geladen.	
	3.3	…	…	

Testsituation	Testfall	Beschreibung	Erwartetes Verhalten	Testresultat
Unvorhergesehene Benutzung	4.1	Administrationsseite ohne Umweg über Log-in-Script direkt laden (URL in Adressbar des Browsers eingeben).	Es erscheint die Fehlermeldung, dass man nicht eingeloggt ist, und man wird auf die Log-in-Seite verwiesen.	
	4.2	Benutzer verändert Parameter («?edit=23») in der URL bei der Benutzerverwaltung auf einen sehr hohen Wert und / oder auf Buchstaben.	Falls die entsprechende Nummer keinem Account zugeordnet werden kann, soll nichts passieren, d. h., die Seite wird einfach normal angezeigt.	
	4.3	Drücken des «Logout»-Links und anschliessend mit der «Zurück»-Taste des Browsers wieder zu der Administrationsseite zurückkehren.	Die Fehlermeldung soll erscheinen, dass man nicht angemeldet ist, und der Benutzer soll auf die Log-in-Seite verwiesen werden.	
	4.4	...	...	
Gesamteindruck	5.1	Anweisungen und Feldbeschriftungen.	Klar und verständlich.	
	5.2	...	...	

Hinweis

▷ Die Spalte «Testresultat» wird erst dann ausgefüllt, wenn der Testplan durchgeführt wird. Lesen Sie hierzu auch das Kapitel 11.1, S. 149.

Tests planen Sie, bevor die Applikation erstellt wird. Dabei unterscheidet man verschiedene Testarten: Whitebox und Blackbox sowie konstruktive und destruktive Tests.

Ihr **Testplan** sollte Tests für die folgenden Bereiche beinhalten:

- Korrekte Eingaben
- Spezialfälle korrekter Eingaben
- Ungültige Eingaben
- Falsche Bedienung
- Usability

Zu jedem **Testschritt** notieren Sie die notwendigen Voraussetzungen, eine genaue Beschreibung der Durchführung sowie das erwartete Ergebnis.

Repetitionsfragen

21   Erläutern Sie in drei bis vier Sätzen den Unterschied zwischen einem Blackbox- und einem Whitebox-Test.

22   Machen Sie zwei Beispiele für Tests aus dem Bereich «Spezialfälle gültiger Eingaben» und erklären Sie, weshalb Sie diese gewählt haben.

Teil C Implementation

Einleitung, Lernziele und Schlüsselbegriffe

Einleitung

In diesem Teil des Lehrmittels lernen Sie die Sprache PHP kennen. PHP ist eine Script-sprache, die auf dem Server ausgeführt wird. Sie werden sehen, wie PHP und HTML zusammenkommen, welche **Sprachelemente** es in PHP gibt und wie Sie diese effektiv einsetzen.

Lernziele

	Lernziele	Lernschritte
☐	Das Zusammenspiel zwischen PHP und HTML kennen.	• Quellcode erstellen und in HTML einbetten
☐	Sie kennen die Sprachelemente von PHP und können diese richtig einsetzen.	• Mit PHP programmieren • Wichtige PHP-Funktionen verwenden • PHP-Web-Applikationen absichern

Schlüsselbegriffe

Scriptsprache, Programmiersprache, Kommentar, phpDocumentor, Template, Variable, String, Heredoc, Funktion, Array, Klasse, regulärer Ausdruck, Mustererkennung, Datei, Cookie, Session, Datenbank, Sicherheit, Eingabevalidierung

7 Quellcode erstellen und kommentieren

In diesem Kapitel werden Sie lernen, wie PHP-Code geschrieben wird. Die Sprache PHP wird dann in den nachfolgenden Kapiteln genauer angeschaut.

7.1 Aufbau und Elemente eines PHP Script

Nachfolgend werden die wichtigsten **Elemente eines PHP Script** vorgestellt.

7.1.1 Programmkopf

Sie beginnen jede PHP-Datei mit einem **Programmkopf**[1], der alle Informationen beinhaltet, die für die Weiterführung des Codes bzw. für die spätere Weiterverarbeitung der Datei notwendig sind. Dieser Programmkopf sollte standardmässig mindestens folgende **Informationen** beinhalten:

* Kurzbeschreibung der Datei
* Copyright
* Autor

Der Programmkopf für die Newsanzeige (Datei **news_output.php**) könnte demnach wie folgt aussehen:

```
/**
 * Diese Datei ruft die vier neusten Einträge aus
 * der NewsDatenbank ab und zeigt sie nach ab-
 * steigendem Datum sortiert an.
 * Der Code in dieser Datei wird in die Start-
 * seite der Webseite integriert.
 *
 * Copyright 2014 margorp AG
 *
 * P. Muster pm <pm@margorp.tld>
 */
[Restliches Script]
```

Beachten Sie, dass die «/*»-Zeichenkombinationen nicht nur Dekoration sind. Der Programmkopf dient ja «nur» uns Menschen, er ist Kommentar für den Programmierer.

7.1.2 Kommentare

Nachdem Sie den Programmkopf erstellt haben, beginnen Sie mit dem eigentlichen «Ausprogrammieren» der Applikation. Dabei setzen Sie den logischen Ablauf des Struktogramms in Anweisungen von PHP um.

Kommentieren Sie jede einzelne Anweisung in Ihrem Code oder gewöhnen Sie sich zumindest an, die wichtigsten Schritte fortlaufend zu kommentieren. Einerseits ist es einfacher, spätere Programmteile wieder zu finden und zu bearbeiten. Andererseits können so auch andere Leute, die den Code nicht selber geschrieben haben, problemlos damit arbeiten.

Der folgende PHP-Programmcode stellt das Script dar, das die **Newseinträge** anzeigt. Jede Anweisung ist hier kommentiert:

[1] Auch: Dateikopf (engl.: Header).

```php
<?php
[Programmkopf]
?>
<!DOCTYPE html>
<html lang="de">
<head>
  <title>Verwaltungsnews</title>
  <meta charset="utf-8" />
</head>

<body>
<h3>Verwaltungsnews</h3>

<?php
// Einbinden der Datei, die eine Datenbankverbindung aufbaut[1]
require("dbconnect.inc.php");

// SQL-Query: Auswahl der neusten vier Einträge aus der Tabelle "verwaltungsnews"
$sql = "SELECT * FROM verwaltungsnews
 ORDER BY datum DESC, zeit DESC LIMIT 4";
$newsabfrage = mysqli_query($db, $sql);

// Ausgewählte Einträge mit einer while-Schlaufe auslesen
while($news = mysqli_fetch_array($newsabfrage))
{
// Datum in ein leicht lesbares Format umwandeln
    $datum = substr($news["datum"], 8, 2) . "." .
    substr($news["datum"], 5, 2) . "." .
    substr($news["datum"], 0, 4);

// Die Sekunden abschneiden (vom Format 00:00:00 zum Format 00:00)
    $zeit = substr($news["zeit"], 0, 5);

// News ausgeben
    echo "<p>";
    echo "$datum | $zeit<br />";
    echo "<strong>".$news["titel"]."</strong><br />";
    echo $news["text"]."<br />";
    echo "</p>";
}

// Datenbankverbindung schliessen
mysqli_close($db);
?>

</body>
</html>
```

[1] Vergleichen Sie dazu das Kapitel 9.5.1, S. 124.

7.1.3   Dokumentation

Nachdem Sie den lauffähigen Programmcode fertiggestellt haben, können Sie der angefangenen Dokumentation weitere Bestandteile hinzufügen, indem Sie sämtliche **Quellcodes** vollständig in Ihre Dokumentation übernehmen (kopieren).

Ausserdem können Sie eine Liste aller Dateien verfassen, die Sie im Rahmen des bisherigen Projekts erzeugt haben. Eine solche **Dateiliste** könnte wie folgt aussehen:

Dateiname	Grösse	Beschreibung
dbconnect.inc.php	1 KB	Erstellt die Datenbankverbindung. Wird in alle anderen Dateien eingebunden.
news_output.php	2 KB	Gibt die neusten vier News auf der öffentlich zugänglichen Seite aus.

Ihre **Projektdokumentation** besteht nun aus folgenden Teilen:

- Realisierungskonzept, bestehend aus:
  - Angaben zum Projekt
  - Meilensteinen
  - Eigenschaften der Applikation
  - Zielgruppendefinition
  - Rahmenbedingungen
- Zeitplan des Projekts (Aufwandsabschätzung)
- Entwurf der Applikation in folgender Form:
  - Ein oder mehrere Struktogramme, je nach Umfang
  - Ein Datenbankentwurf
  - Layoutmuster und Storyboard
- Testplan
- Komplette Dateiliste des Projekts
- Der komplette Quellcode aller Dateien des Projekts:
  - Mit Programmkopf
  - Mit Kommentaren

7.2 Wie schreibe ich PHP-Code?

PHP ist eine Scriptsprache. Bei der Erfassung einer Scriptsprache gelten strenge Regeln. Werden diese an einer einzigen Stelle verletzt, funktioniert das ganze Script nicht mehr. Um Fehler zu vermeiden oder ggf. leichter zu finden, ist es von grosser Bedeutung, von Beginn an ein paar allgemeine Regeln und Eigenschaften zu beachten.

Bevor Sie erfahren, wie Sie einen sauberen Code erfassen und Kommentare setzen können, sollten Sie die Voraussetzungen für eine effiziente Arbeitsweise schaffen.

7.2.1 Optimale Arbeitsumgebung einrichten

Bevor Sie zu arbeiten beginnen, müssen Sie Ihren Arbeitsplatz so vorbereiten, dass Sie ungestört und möglichst effizient arbeiten können. Eine wichtige Voraussetzung ist dabei, dass Sie nicht lange in Ihrem Dateisystem herumsuchen müssen, wenn etwas fehlt. Aus diesem Grund haben Sie während der Arbeit alle wichtigen Anwendungen geöffnet, sodass Sie nur zwischen den Fenstern hin und her wechseln müssen.

Folgende Anwendungen sollten Sie beim Entwickeln immer geöffnet haben:

- PHP-Editor: entweder einen für Programmierung geeigneten Texteditor oder eine IDE
- Ein Browserfenster mit der Seite, die Sie momentan bearbeiten
- Ein Browserfenster mit der Befehlsreferenz von PHP, die Sie entweder online anschauen (http://www.php.net) oder herunterladen und auf Ihrem Computer speichern (http://www.php.net/download-docs.php)
- Ein Dateisystem-Fenster (auf Windows: Explorerfenster) des Verzeichnisses, in dem sich Ihr aktuelles Projekt befindet

Ihre **Arbeitsumgebung** könnte beispielsweise wie folgt aussehen:

[7-1]   Arbeitsumgebung für die Entwicklung (Beispiel)

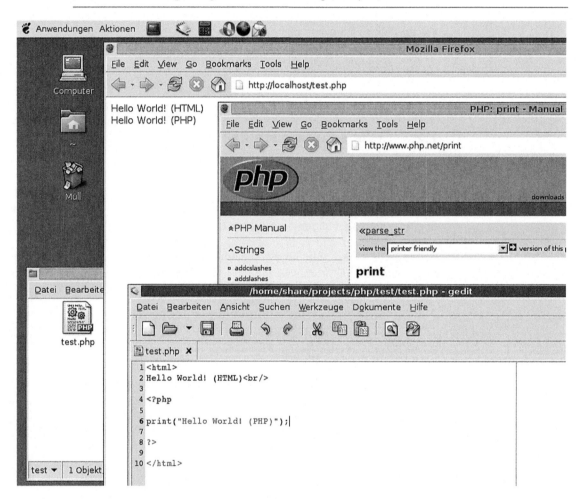

Bereiten Sie Ihren Arbeitsplatz nun so vor, dass Sie mit der Erfassung des ersten PHP-Codes beginnen können, und öffnen Sie eine neue Textdatei.

7.2.2   Einbindung in HTML

PHP ist eine Sprache, die sich leicht in HTML einbinden lässt. Wenn Sie in einem HTML-Dokument schon einmal von Hand ein neues Tag eingefügt haben, stellt das Erfassen von PHP-Code kein Problem dar.

PHP beginnt im HTML-Code mit dem Anfangstag `<?php` und schliesst mit dem Endtag `?>`.

Alles, was zwischen diesen beiden Tags steht, wird als PHP-Code interpretiert. Nachfolgend ein Beispiel[1], das Sie gleich selbst ausprobieren sollten:

```
<html>
PHP Output:<br />

<?php
echo "Guten Tag!";
?>

</html>
```

Neben dem Anfangs- und dem Endtag sehen Sie hier auch den PHP-Befehl echo. Dieser Befehl wird verwendet, um Daten an den Browser auszugeben. Sie können ihn sehr einfach benutzen, indem Sie dahinter in Anführungszeichen den Text erfassen, den Sie ausgeben möchten:

Speichern Sie diese Zeilen als PHP-Datei ab.

Hinweis

▷ PHP-Dateien haben grundsätzlich die Dateiendung .php. PHP-Dateien der Version 3 hatten die Endung .php3. Diese Endung wird bei den höheren Versionen nicht mehr verwendet.

Im Browser sollte nun folgende Meldung erscheinen:

```
PHP Output:
Guten Tag!
```

Probieren Sie nun Folgendes aus:

```
<html>
<?php
echo "Ihre IP Nummer:<br />";
echo $_SERVER["REMOTE_ADDR"];
?>
</html>
```

Es sollte erscheinen:

```
Ihre IP Nummer:
127.0.0.1
```

Hier ein Beispiel, bei dem der Titel einer HTML-Seite durch eine PHP-Ausgabe generiert wird:

```
<html>
<head>
<title><?php echo "PHP-Generierter Titel!"; ?></title>
</head>
<body>
Achtung: PHP-Output im Titel!
</body>
</html>
```

Wenn Sie diesen PHP-Code eingeben und die Webseite im Browser erneut laden, sollten Sie im Titel die entsprechende PHP-Ausgabe sehen.

[1] Aus Platzgründen wird bei den folgenden Beispielen anstelle des kompletten und korrekten HTML-Headers lediglich ein HTML-Tag dargestellt.

Hinweis

▷ Grundsätzlich können Sie solche PHP-Tags an einer beliebigen Stelle der HTML-Datei einfügen. Aus Gründen der Übersichtlichkeit empfiehlt es sich aber, den kompletten PHP-Code an einem zentralen Ort zu erfassen.

7.2.3   Allgemeine Regeln und Eigenschaften

PHP weiss ohne Ihre Hilfe nicht, wann eine Anweisung zu Ende ist und wann die nächste beginnt. Aus diesem Grund müssen Sie Beginn und Ende eines Befehls oder einer Funktion mithilfe eines **Strichpunkts** (auch: **Semikolon**) selber kennzeichnen. Immer wenn Sie ein Semikolon setzen, weiss PHP: Hier endet eine Anweisung und es beginnt die nächste. Gewöhnen Sie sich deshalb an, nach jeder Anweisung ein Semikolon zu setzen.

Damit der PHP-Code nicht unübersichtlich wird, sollten Sie pro Zeile nicht mehr als eine Anweisung erfassen. Nachfolgend ein Beispiel[1], das Sie gleich ausprobieren können:

```
echo "Guten Tag. <br />";
print("Heute scheint die Sonne. <br />");
echo "Ich hoffe, Sie amüsieren sich mit PHP. ";
```

Hier wird jede Zeile mit einem Semikolon abgeschlossen. Probieren Sie im Sinne einer kleinen Übung einmal aus, die Semikolons wegzulassen, und schauen Sie, wie PHP darauf reagiert, wenn Sie die Datei im Browser aufrufen.

Neben dem Ausgabebefehl `echo` sehen Sie in diesem Beispiel auch die Ausgabefunktion `print()`. Echte **Funktionen** erkennen Sie an den nachfolgenden runden Klammern. Zwischen die Klammern setzen Sie den Inhalt ein, den Sie an den Browser ausgeben wollen. Mehr über Funktionen erfahren Sie im Kapitel 9, S. 107.

Eine wichtige Eigenschaft von PHP besteht darin, dass ein Script **sequenziell** verarbeitet wird, also Schritt für Schritt von oben nach unten. Die sequenzielle Verarbeitung hat zur Folge, dass Sie keine Elemente (z. B. Variablen) einsetzen dürfen, die erst weiter unten definiert werden.

Im Gegensatz zu älteren Sprachen wie z. B. BASIC fahndet PHP bereits vor dem Ausführen im ganzen Script nach Fehlern. Erst wenn das Script für fehlerfrei befunden wird, startet PHP mit der Ausführung.

7.2.4   Wie schreibe ich sauberen Code?

Nehmen Sie eine Zeitung zur Hand und betrachten Sie die Struktur eines Artikels. Sie werden feststellen, dass nicht der komplette Text am Stück abgedruckt wird; der Text ist vielmehr gegliedert, mit einer Überschrift oder sogar mit Unter- und Zwischentiteln versehen und mit Leerräumen oder Bildern aufgelockert. Dies wird gemacht, damit der Leser nicht so schnell ermüdet und den Inhalt besser aufnehmen und verarbeiten kann.

[1] In den folgenden Beispielen werden die HTML-Tags nur noch angezeigt, wenn sie für das Beispiel wichtig sind. Sie müssen die jeweiligen PHP-Befehle also noch in ein HTML-Gerüst integrieren.

[7-2]   Ein gut strukturierter Text ist übersichtlicher und leichter «verdaubar»

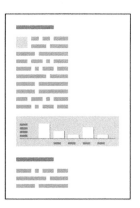

| Bleiwüste | Augenweide |

Dieses Prinzip können Sie sinngemäss auf den PHP-Code übertragen: Je **übersichtlicher** der **Code** ist, desto einfacher ist es für Sie und andere Leute, dem Code zu folgen und Fehler zu finden.

Vergleichen Sie die beiden folgenden Darstellungsarten:

Unübersichtlich ...

```php
<?php echo "Guten Tag. <br />";print("Heute scheint die Sonne.<br />");echo
"Ich hoffe, Sie amüsieren sich mit PHP. "; ?>
```

Sauber formatiert ...

```php
<?php
    echo "Guten Tag. <br />";
    print("Heute scheint die Sonne. <br />");
    echo "Ich hoffe, Sie amüsieren sich mit PHP. ";
?>
```

Welcher Code ist einfacher zu verstehen?

Ein weiterer Vorteil der zweiten Darstellungsart liegt darin, dass Fehler schneller ermittelt werden können. Wenn z. B. vier verschiedene Anweisungen in einer einzigen Zeile vorkommen und PHP meldet, dass auf dieser Zeile ein Fehler vorliegt, dann kommen vier Anweisungen für den Fehler infrage. Liegt hingegen nur eine Anweisung pro Zeile vor, so ist der Fall klar.

Um einen **sauberen Code** zu schreiben, müssen Sie folgende Regeln befolgen:

• Benutzen Sie für jede Anweisung eine neue Zeile.
• Wenn Sie geschwungene Klammern[1] einsetzen, dann rücken Sie den darin befindlichen Codeabschnitt um vier Zeichen ein.

[1]   Der Einsatz geschwungener Klammern kommt im Kapitel 8.5.1, S. 95 zur Sprache.

Zur zweiten Regel finden Sie nachfolgend ein Beispiel:

```
echo "Erste Zeile<br />";
echo "Zweite Zeile<br />";
if(isset($variable))
{
    echo "Hier der eingerückte Code<br />";
    echo "Hier noch mehr eingerückter Code<br />";
}
echo "Hier wieder der normale Code";
```

7.2.5   Wie setze ich Kommentare?

Kommentare werden eingesetzt, um wichtige Anweisungen oder Abschnitte des PHP-Codes zu kommentieren, und tragen ebenfalls zur Übersichtlichkeit bei. Es kann zwischen einzeiligen und mehrzeiligen Kommentaren unterschieden werden.

Einzeilige Kommentare beginnen mit zwei Slashes // oder einer Raute # und enden am Schluss derselben Zeile. Ein Beispiel:

```
echo "Hallo<br />";     // Dies ist ein einzeiliger Kommentar.
echo "Welt<br />"       // Er muss in jeder Zeile neu begonnen werden.
# Alternativ kann die Raute als Zeilenkommentar eingesetzt werden.
```

Mehrzeilige Kommentare beginnen mit der Zeichenfolge /* und enden erst wieder, wenn die Zeichenfolge */ gesetzt wird. Ein Beispiel:

```
echo "Langer Kommentar";

/*
Dieser Kommentar beginnt hier ...
... und endet erst mit der Zeichenfolge auf der nächsten Zeile.
*/
```

7.2.6   Kommentieren für Profis

Die **technische Dokumentation** (wie z. B. eine Liste der Klassen und Methoden) von Softwareprojekten wird heute nicht mehr von Hand geschrieben, sondern automatisch generiert. Dies geschieht, indem ein **Parser** allen Quellcode eines Projekts nach Objekten und Funktionen absucht und diese indexiert und in einem Verzeichnis zusammenstellt. Eine solche Liste sämtlicher Funktionen wäre nun wenig lesbar, wenn es nicht noch zu jeder Funktion eine Beschreibung hätte, die die Funktionsweise und die Bedeutung erläutert. Damit der Parser den Funktionen die korrekten Erläuterungen zuweisen kann, müssen diese im Code in einer vorher festgelegten Form vorliegen. Je nach verwendeten Produkten können diese Richtlinien unterschiedlich sein. Sie lernen in diesem Abschnitt am Beispiel eines verbreiteten Produkts solche Schemas kennen.

Ein in der Programmierwelt weitverbreitetes Dokumentationsschema ist **JavaDoc**[1], das für die automatische Dokumentation von Java Code verwendet wird. Inzwischen wurde es mit **phpDocumentor**[2] auch für PHP umgesetzt und bietet eine ähnliche Funktionalität wie JavaDoc. phpDocumentor funktioniert so, dass jedem Sprachelement (Variable, Konstante, Funktion, Klasse), das man neu definiert, ein eigener, speziell formatierter Kommentar vorangestellt wird, den ein Parser dann diesem Element zuweisen kann. Ein php-

---

[1]   https://de.wikipedia.org/wiki/Javadoc.

[2]   http://www.phpdoc.org/.

Documentor-Kommentar ist eigentlich ein ganz normaler **Blockkommentar,** der aber im Einleitungszeichen einen Doppelstern verwendet, er hat dabei stets folgende Form:

```
/**
 *
 */
```

Hinweis

▷ Beachten Sie, dass lediglich die Definitionen von Sprachelementen mit solchen Kommentaren versehen werden. Der eigentliche Aufruf einer Funktion ist nach wie vor mittels // oder /* und */ zu kommentieren.

Der Inhalt des Kommentars besteht aus normalem Text sowie aus gewissen **Schlüsselwörtern (Tags),** die vom Parser gesondert interpretiert werden:

```
/**
 * Kurzbeschreibung des Elements (stets auf zweiter Zeile)
 *
 * Lange Beschreibung des Elements
 * (Optional, beginnt nach einer Leerzeile)
 * Dann können hier auch noch die Tags eingefügt werden.
 * Diese haben stets folgende Form:
 * @<Schlüssel> [Wert]
 */
```

Diese Tags beinhalten spezielle Informationen, die vom Dokumentationssystem erkannt und für die Katalogisierung verwendet werden können. Ein wichtiges Tag ist beispielsweise @package. Dieses Tag definiert, zu welchem Paket (also zu welcher Gruppe) der Codebestandteil gehört. Hier ein Auszug aus der Liste von Tags, die von phpDocumentor interpretiert werden können:

```
/**
 * Kurzbeschreibung nützlicher Tags
 *
 * @package      Name des Pakets (Projektname)
 * @subpackage   Unterpaket (kann zur Gruppierung benutzt werden)
 * @author       Name des Autors <author@email>
 * @version      Version
 * @copyright    Name, Datum
 * @since        Erstellungsdatum
 * @access       privat, public, ... (Bei Klasse: Zugriffsmodus )
 * @deprecated   Kommentar (Kennzeichnet Element als veraltet.)
 * @ignore       (Benötigt keinen Text. Das Element wird ignoriert.)
 * @var          Typ (Bei Variablen: Datentyp der Variablen)
 * @param        Typ [$varname] Beschreibung (Bei Funktionen: Beschreibung von Parametern)
 * @return       Typ Beschreibung (Bei Funktionen: Beschreibung des Rückgabewerts)
 * @abstract     (Benötigt keinen Text. Kennzeichnet das Element als abstrakte Klasse)
 */
```

Hinweis

▷ Bei Kommentarblöcken von Klassen oder Dateien sollte das Tag @package stets verwendet werden, damit der Code dem richtigen Projekt zugeordnet werden kann.

Dies sind bereits die wesentlichen Inhalte eines solchen Kommentars. In der Beispielapplikation News Client sieht ein Kommentar einer Methode der Session-Klasse wie folgt aus:

```
/**
 * Versucht, mit übergebenen Werten eine Benutzersession zu starten.
 *
 * Stimmen die Zugangsdaten mit solchen in der Datenbank überein,
 * wird in der Sessiontabelle ein neuer Eintrag erstellt, der zum
 * entsprechenden Benutzer passt.
 *
 * @package    NewsClient
 * @subpackage Session
 * @author     P. Muster pm <pm@margorp.tld>
 * @param      String [$session_id] Id der PHP Session
 * @param      String [$username] Benutzername
 * @param      String [$password] Passwort
 * @return     Boolean
 */
function authenticate($session_id, $username, $password)
{
  // ...
```

Position von Kommentaren

Obwohl sämtliche Kommentare nach dem gleichen Grundmuster aufgebaut sind, unterscheidet man solche, die einem Sprachelement zugewiesen sind, und solche, die der Datei zugewiesen werden. phpDocumentor kennt vereinfacht gesagt zwei Regeln:

- Der Kommentar, der einer Elementdeklaration vorangeht, gehört zu diesem Element.
- Der erste Kommentar auf der Seite ist der Seitenkommentar.

Um Verwirrungen auszuschliessen, ist es empfehlenswert, sowohl zu Beginn jeder Datei als auch vor jedem einzelnen Sprachelement einen Kommentarblock zu verfassen.

Qualität von Kommentaren

Um die Qualität eines guten Kommentars zu diskutieren, muss man sich über die Zielgruppe desselben im Klaren sein. Kommentare in Ihrem Quelltext sind für zwei Personengruppen wichtig:

- Für Sie selber, wenn Sie zu einem späteren Zeitpunkt den Code wieder bearbeiten
- Für andere Entwickler, die Ihren Code weiterverwenden müssen oder wollen

In beiden Fällen ist die Situation so, dass jemand an den Code herantritt, ohne die komplette Applikation im Kopf zu haben. Es ist also wichtig, im Kommentar eine kurze, aber präzise Angabe zur Funktionsweise des Elements zu machen. Üblicherweise beschreibt man im Kommentar, was mit einer Routine bewirkt wird und weshalb ein Lösungsweg gewählt wurde. Beschreiben Sie nicht, was gemacht wird, das sieht man nämlich. Mit zwei Beispielen soll dies illustriert werden:

Schlechtes Beispiel

Der Kommentar wiederholt lediglich, was durch den Funktionsnamen bereits impliziert wird, und man ist sich auch nicht im Klaren darüber, wie dies überhaupt realisiert wird. Um die Funktion zu verstehen, muss man den kompletten Quelltext noch einmal durchlesen – also genau das, was man mit dem Kommentar verhindern wollte.

```
/**
 * Prüft, ob man Benutzerrechte hat.
 *
 * @package    NewsClient
 * @subpackage Session
 * @author     P. Muster pm <pm@margorp.tld>
 * @param      Integer [$level] Zugriffslevel
 * @return     Boolean
 */
function has_rights($level)
{
   // ...
```

Besseres Beispiel

Ein besseres Beispiel erklärt auch, wie diese Prüfung erreicht wird (durch Kontrolle der Datenbank).

```
/**
 * Überprüft, ob der mit der Session verknüpfte Benutzer genügend hohe Rechte hat
 *
 * Schaut, ob in der Sessiontabelle ein Eintrag vorhanden ist, der auf
 * die Session ID passt und dessen Level grösser oder gleich dem Parameter ist.
 *
 * @package    NewsClient
 * @subpackage Session
 * @author     P. Muster pm <pm@margorp.tld>
 * @param      Integer [$level] Zugriffslevel, der für jede Seite festgelegt ist
 * @return     Boolean
 */
function has_rights($level)
{
   // ...
```

7.3 Trennung von Programmlogik und Präsentation

Um Scripts einfach wartbar zu halten, versucht man, diese modular zu programmieren. Man gruppiert Teile mit ähnlichen Funktionen und fasst sie zu eigenständigen Einheiten zusammen. Diese Einheiten lässt man nur über klar definierte Schnittstellen miteinander kommunizieren.

Ein einfaches Beispiel: Beim News-Projekt fassen Sie die Funktionen zum Verbindungsaufbau mit der Datenbank in einer Datei zusammen und binden diese Datei ein, um eine Datenbankverbindung zu erhalten. Wenn sich eine Änderung ergibt, brauchen Sie lediglich diese eine Datei zu bearbeiten.

Lernen Sie in diesem Abschnitt, wie Sie bessere Wiederverwertbarkeit auch bei der Bildschirmausgabe erreichen.

7.3.1 Zur Wiederverwendbarkeit des Codes bei PHP

Dadurch, dass PHP als Web-Scriptsprache gross geworden ist, wurde von Beginn an eine hohe Integration in HTML-Code erreicht. Den PHP-Code direkt zwischen den HTML-Code zu schreiben, ist zwar sehr bequem, verunmöglicht bei grösseren Projekten aber die effiziente Wartung des Codes. Sicher haben Sie bereits ein solches Stück Code gesehen oder sogar selber geschrieben:

```
...
$n = 100;
print("<table bgcolor='red'>");
for($i=1;$i<=$n;$i++)
{
  print("<tr>");
  print("<td size='4' bgcolor='green'>" . $i . "</td>");
  print("</tr>");
}
print("</table>");
...
```

Dieser Code erzeugt eine Tabelle und schreibt in jede Zeile die Zeilennummer. Stellen Sie sich vor, Sie haben in einem Projekt über mehrere Seiten verteilt solchen Code und plötzlich wird beschlossen, dass z. B. der Zeilenhintergrund nun gelb statt grün sein soll. Sie müssen nun in mühevoller Kleinarbeit sämtliche Dateien öffnen, die entsprechende Stelle suchen und «green» durch «yellow» ersetzen. Das mag bei zwei, drei Seiten noch funktionieren, nicht aber bei 20 oder sogar 100. Aus diesem Grund versucht man, die Programmlogik (in diesem Fall die for-Schleife) von der Ausgabe zu trennen (hier die HTML-Tabelle).

7.3.2   Wie trenne ich Programmlogik und Präsentation?

Um **Programmlogik** von der Darstellung zu trennen, greift man auf die Idee von **Templates**[1], also Vorlagen, zurück. Die Idee dabei ist, dass man an einem separaten Ort (z. B. in einer speziellen Datei) definiert, wie die Ausgabe eines Script aussehen soll. Das Script liest diese Vorlage bei der Ausführung dann ein und generiert seine Ausgabe entsprechend den dortigen Vorgaben.

Es gibt viele Möglichkeiten, solche Templates zu implementieren, inzwischen wurden auch diverse grössere Projekte gestartet, auf die ein Programmierer zurückgreifen kann. Ein bekannter und ausgereifter Vertreter ist die Template-Engine **Smarty** des PHP-Projekts (http://www.smarty.net). Um die Funktionsweise exemplarisch zu verstehen, lernen Sie beim News-Projekt eine einfache Variante davon kennen.

7.3.3   Wie baue ich ein Template auf?

Ob man eine komplette HTML-Seite oder nur Teile davon in einem Template platzieren möchte, ist je nach Einsatzzweck verschieden. Bei komplexen Seiten mit mehreren voneinander unabhängigen dynamischen Elementen wie z. B. Portalseiten bietet es sich an, lediglich HTML-Stücklein als Templates zu benutzen. Die Newsanzeige dieses Projekts ist keine sehr komplexe Anwendung, deshalb können Sie gleich die komplette HTML-Seite als Template verwenden.

Hier ist der komplette HTML-Code der Newsausgabe. Anstelle der Ausgabe sind einfach die entsprechenden Begriffe (z. B. Datum) eingefügt:

[1] Englisch für: Schablonen.

```
<!DOCTYPE html>
<html lang="de">
<head>
  <title>Verwaltungsnews</title>
  <meta charset="utf-8" />
</head>
<body>

<h3>Verwaltungsnews</h3>

<p>
Datum | Zeit | Autor<br />
<strong>Titel</strong><br />
Text<br />
</p>

</body>
</html>
```

Die Begriffe, die später durch Daten aus der Datenbank ersetzt werden sollen, werden nun durch **Schlüsselwörter (Tags)** ersetzt. Diese können theoretisch beliebig gewählt werden. Weiter benötigen Sie auch noch eine Kennzeichnung für den Beginn eines sich wiederholenden Elements, hier also der komplette Paragraph (innerhalb der Tags <p> und </p>).

```
...
<!--#row_begin-->
<p>
<!--#datum--> | <!--#zeit--> | <!--#autor--><br />
<strong><!--#titel--></strong><br />
<!--#text--><br />
</p>
<!--#row_end-->
...
```

Mit diesen Tags sind nun die benötigten Felder vollständig definiert. Es handelt sich hierbei um ein **passives Template.** Dieses dient lediglich als Schablone, mit der ein weiteres Script die entsprechenden Inhalte einfügen kann. Eine andere Variante ist die Verwendung von **aktives Templates.** Dort fügt man anstelle solcher Tags direkt standardisierte Programmaufrufe ein. Zur Darstellung wird dann das Template selber aufgerufen und ausgeführt.

7.3.4 Wie funktioniert ein Template-Interpreter?

Der **Template-Interpreter** liest das Template ein und ersetzt alle Tags durch entsprechende Werte. Sich wiederholende Abschnitte werden identifiziert und als Gruppe behandelt, die mehrere Male eingesetzt wird. Im Beispiel des News Client für die städtische Verwaltung werden diese Vorgänge direkt in der Datei ausgeführt, um die Lesbarkeit zu erhöhen. Um eine noch höhere Wiederverwertbarkeit zu erlangen, können Sie die Ersetzungsroutine parametrisieren (wie z. B. bei der Template-Engine Smarty), also von den zu ersetzenden Tags abhängig machen. Im folgenden Codeabschnitt werden zur Illustration z. B. Marker in einem String ersetzt. Dieses Beispiel soll zeigen, wie ein Template-Interpreter intern funktionieren kann, natürlich müssen Sie solchen Code nicht mehr selbst schreiben.

```
// Angenommen, wir haben folgendes Stück Template
$template = "Dokument erstellt am <!--#datum--> | <!--#zeit--><br />";

// Und das heutige Datum und die aktuelle Zeit in folgenden beiden Variablen
$aktuelles_datum = date("d.m.y");
$aktuelle_zeit = date("H:i");

// Jeder auftretende Tag wird durch den entsprechenden Wert ersetzt
$template = eregi_replace("<!--#datum-->", $aktuelles_datum, $template);
$template = eregi_replace("<!--#datum-->", $aktuelle_zeit, $template);


print($template_string);
```

Ausgabe:

```
Dokument erstellt am 06.06.06 | 13:37<br />
```

7.3.5   Template mit Smarty

Der obige Code mit der Smarty-Engine umgesetzt würde für folgenden Text, der in einer Datei **template.tpl** gespeichert wäre, so aussehen:

```
// Inhalte von template.tpl
"Dokument erstellt am {$datum} | {$zeit}<br />";
```

Und der Code zur Interpretation würde so aussehen:

```
// Die Smarty-Klassendatei einbinden
include('Smarty.class.php');

// Ein Objekt des Template-Interpreters erzeugen
$smarty = new Smarty;

// Die Werte zuweisen
$smarty->assign('datum', date("d.m.y"));
$smarty->assign('zeit', date("H:i"));

// Das Template anzeigen
$smarty->display("template.tpl");
```

Ausgabe:

```
Dokument erstellt am 06.06.06 | 13:37<br />
```

Jede Datei beginnt mit dem **Programmkopf** (auch: Dateikopf, engl. Header). Dort sind alle wichtigen Informationen zum Projekt und zu dieser Datei aufgeführt.

Kommentare in den Dateien sind äusserst wichtig, wenn man das Script später nachvollziehen will oder wenn andere Personen sich damit auseinandersetzen müssen. Es lohnt sich, jede Anweisung bzw. jeden wichtigen Vorgang mit einem aussagekräftigen Kommentar zu versehen.

Um den Quellcode von einem automatischen Dokumentationssystem dokumentieren lassen zu können, ist es notwendig, dass die Kommentare in einem speziellen **Format** vorliegen und dass jedes Element mit einem solchen Kommentarblock versehen ist.

Damit Codeabschnitte besser wiederverwertet und leichter gewartet werden können, trennen Sie in einer Web-Applikation die **Logik** (also den eigentlichen Programmcode) von der **Präsentation** (dem HTML-Code).

Diese Trennung erreichen Sie durch Einsatz von **Templates,** also Vorlagen bzw. Schablonen. Sie fügen in einem solchen Template beispielsweise den HTML-Code und Platzhalter für Werte (Text, Daten, Bilder) ein und lassen die Platzhalter später von der Applikation durch die effektiven Werte ersetzen, die in der Seite angezeigt werden sollen.

Es gibt bereits einige grössere Projekte, die **Template-Engines** unter PHP realisieren. Ein bekannter Vertreter davon ist «Smarty».

Repetitionsfragen

---

23   Nennen Sie zwei Gründe, warum in jede Datei ein Programmkopf gehört.

---

24   Beschreiben Sie in wenigen Sätzen die beiden Hauptnutzen von Kommentaren in Ihren Dateien.

---

25   Nennen Sie zwei Gründe, weshalb Sie in Ihrer Web-Applikation Programmcode (Logik) nicht mit HTML-Code (Präsentation) vermischen sollten.

---

26   Erklären Sie in einfachen Worten, was ein Template ist.

---

27   Welche Aufgabe erfüllt ein Template-Interpreter?

---

8 Mit PHP programmieren

In diesem Kapitel dreht sich alles um die Programmiersprache PHP.

8.1 Variablen

Eine **Variable** besteht aus ihrem Namen und dem Inhalt. Man kann sie gut mit einer Schublade vergleichen, die aussen angeschrieben ist:

[8-1] Welche Gemeinsamkeiten bestehen zwischen einer Variablen und einer Schublade?

Eine Schublade kann beliebig beschriftet und mit einem Gegenstand belegt werden. Wenn Sie nach dem Inhalt der Schublade suchen, müssen Sie nur wissen, wie die Schublade angeschrieben ist, und nach dieser Beschriftung suchen.

Variablen funktionieren nach dem gleichen Prinzip: Sie definieren eine Variable, indem Sie ihr einen Namen geben (Schublade beschriften) und bestimmte Daten zuweisen (Gegenstand in Schublade legen).

8.1.1 Wie setze ich Variablen ein?

Variablen werden in PHP durch ein führendes **Dollarzeichen** definiert. Im Gegensatz zu anderen Programmiersprachen müssen Sie keinen Datentyp für eine Variable angeben oder diese vor der ersten Verwendung deklarieren. Hier ein Beispiel:

```
$variablenname = "Variableninhalt";
```

Sie können den Variablen beliebige **Namen** vergeben (bis auf ein paar wenige Ausnahmen). Erlaubt sind sämtliche Buchstaben und Zahlen sowie das Zeichen _ (engl. Begriff «Underscore»), vermeiden Sie jedoch Umlaute und andere Buchstaben, die nicht in der englischen Sprache vorkommen, auch wenn dies im Einzelfall funktionieren kann. Sie können Probleme bekommen, wenn Sie Quelltextdateien mit anderen Entwicklern austauschen oder auf eine andere Plattform bringen.

Beachten Sie, dass Gross- und Kleinschreibung bei den Variablen unterschieden wird.

Der Name der Variablen darf nicht mit einer Zahl beginnen. Auch Sonderzeichen wie z. B. Bindestrich, Ausrufezeichen, Schrägstriche (engl. Begriff «Slash» bzw. «Backslash») und Leerzeichen sind nicht erlaubt. Anhand eines Leer- oder Sonderzeichens erkennt PHP z. B. das Ende einer Variablen:

```
$abc = "Hello";              // Erlaubt:     beginnt mit einem Buchstaben
$erster_wert = 1234;         // Erlaubt:     Underscore darf verwendet werden
$_wert = 443;                // Erlaubt:     darf mit Underscore beginnen
$wert38 = 4;                 // Erlaubt:     darf Zahlen beinhalten
$salär = 5400;               // Erlaubt:     Umlaute dürfen vorkommen, sollten aber vermieden werden.

$12 = "Guten Tag";           // Nicht erlaubt:  beginnt mit einer Zahl
$mehr-wert = 24;             // Nicht erlaubt:  enthält Sonderzeichen
```

Nachdem Sie eine Variable definiert haben, ist es oft nötig, den **Inhalt einer Variablen auszugeben.** Nachfolgend ein Beispiel:

```
$wert1 = "Hello";
$wert2 = "World";

echo "$wert1 $wert2";
```

Wenn Sie den Befehl `echo` mit doppelten Anführungszeichen verwenden, werden die Variablen interpretiert. Obige Anweisung erzeugt folgende Ausgabe:

```
Hello World
```

Wenn Sie den Befehl `echo` mit Hochkommata verwenden, wird Ihre Ausgabe Buchstabe für Buchstabe übernommen:

```
$wert1 = "Hello";
$wert2 = "World";

echo '$wert1 $wert2';
```

Obige Anweisung erzeugt folgende Ausgabe:

```
$wert1 $wert2
```

Sie können Variablen aber auch ohne Anführungszeichen oder Hochkommata ausgeben, sie werden dann natürlich immer durch ihren Inhalt ersetzt. Hier ein Beispiel:

```
$wert1 = "Hello";
$wert2 = "World";

echo $wert1;                 // Entweder auf verschiedenen Zeilen
echo $wert2;

echo $wert1.$wert2;          // oder aber durch einen Punkt verbunden.
```

Bei diesem Beispiel erhalten Sie folgende Ausgabe:

```
HelloWorldHelloWorld
```

Wie Sie sofort erkennen, wurden hier noch keine Zeilensprünge und Leerräume definiert. Dasselbe Beispiel mit dem nötigen Zeilensprung und Abstand sieht wie folgt aus:

```
$wert1 = "Hello";
$wert2 = "World";

echo $wert1;
echo " ";                            // Hier wird ein Leerraum eingefügt.
echo $wert2;
echo "<br />";                       // Hier wird ein HTML-Zeilensprung eingefügt.

echo $wert1." ".$wert2."<br />";     // Und so sieht das Ganze auf einer Zeile aus.
```

Dieser Code führt nun zum gewünschten Ergebnis:

```
Hello World
Hello World
```

Sonderzeichen (" ' $ etc.) innerhalb einer echo-Anweisung können Sie ausgeben, indem Sie einen Backslash voranstellen. Im folgenden Beispiel wird das zweite Wort in Anführungszeichen dargestellt:

```
<?php
  $wort1 = "Hallo";
  $wort2 = "Onkel";

  echo "$wort1 \"$wort2\"";
?>
```

Dieser Code führt zu folgendem Ergebnis:

```
Hallo "Onkel"
```

Hinweis

▷ Sollten Sie die Backslashes einmal vergessen, funktioniert Ihr Script vermutlich nicht, weil die Reihenfolge der Anführungszeichen völlig durcheinandergerät.

8.1.2   Datentypen (Variableninhalt)

Sie haben bereits gehört, dass Variablen Daten beinhalten können. Diese Daten haben immer ein bestimmtes Format. Das Format definiert den **Datentyp.** Die Kenntnis des Datentyps ist wichtig für die weitere Verarbeitung der Variablen. Im Folgenden werden die verschiedenen Datentypen kurz vorgestellt.

Hinweis

▷ Bei PHP wird einer Variablen, je nach Dateninhalt, automatisch ein bestimmter Datentyp zugewiesen. Dieser wird bei jeder Änderung der Variablen automatisch angepasst. Sie müssen also nicht selber dafür sorgen, dass PHP den richtigen Datentyp findet.

Integer, Int (Ganzzahlen)

Dies sind Zahlen ohne Kommastellen. Das Einsatzgebiet für Integers sind z. B. Aufzählungen oder Rechnungen, wo Sie nur ganze Zahlen verwenden.

Beispiele für Integers:

```
$a = 2345;      // Beliebige Ganzzahlen
$b = -65;       // Negative Ganzzahlen
$c = 0xFF;      // Auch Hexadezimalzahlen lassen sich als Integer speichern.
```

Wie Sie oben erkennen konnten, benötigt ein Integer keine Anführungszeichen bei der Zuweisung zu einer Variablen.

Floating Point Numbers, Float (Fliesskommazahlen)

Zahlen mit Nachkommastellen werden Fliesskommazahlen genannt. In anderen Programmiersprachen werden auch Begriffe wie «float», «double» oder «real» benutzt. Fliesskommazahlen werden bei jeglichen Berechnungen eingesetzt. Sie werden ebenfalls ohne Anführungszeichen definiert.

```
$d = 1.5            // Beliebige Zahlen
$e = 0.43453
$f = 3.8e15         // Ebenfalls erlaubt: Der Zehnerexponent (hier wird nicht zwischen
$g = 13E-10         // grossem und kleinem E unterschieden)!
```

Hinweis

▷ Achtung: In der Programmierung wird die englische Schreibweise mit einem Punkt verwendet.

Strings (Zeichenketten)

Alles, was nicht eine reine Zahl ist, ist ein String: Buchstaben, Buchstaben mit Zahlen, Sonderzeichen. Ein String wird im Wesentlichen dazu benutzt, Text zu speichern. Strings werden mit Anführungszeichen versehen.

Es gibt drei verschiedene Spielarten von Strings. Sie reagieren bei der Interpretation von Variablen und der Darstellung von Zeichen unterschiedlich.

Strings in einfachen Hochkommata

Strings mit Hochkommata[1] (einfachen Anführungszeichen) erfassen alles genau so, wie es dort steht (vgl. vorheriges Kapitel «Variablen»), der PHP-Interpreter ignoriert sämtliche Spezialzeichen.

```
$j = 'Hallo';
$k = '$j \"Onkel\"';

echo $k;
```

Dieses Script ergibt folgenden Output:

```
$j \"Onkel\"
```

Strings in Anführungszeichen

Bei Strings mit normalen (doppelten) Anführungszeichen werden Sonderzeichen und Variablen interpretiert. Wenn Sie Sonderzeichen als Zeichen im String haben wollen, müssen Sie diesem einen Backslash voranstellen.

```
$j = "Hallo";
$k = "$j \"Onkel\"";

echo $k;
```

Dieses Script ergibt folgenden Output:

```
Hallo "Onkel"
```

Heredoc-Strings

Die dritte Variante nennt sich «Heredoc». Dabei wird ein Steuerzeichen definiert, das den Anfang und das Ende des Strings definiert. Dieser kann sich über mehrere Zeilen erstrecken. Das «Steuerwort» schreiben Sie nach dem einleitenden Zeichenmuster «<<<». Um den String zu beenden, ist am Schluss nur noch das Steuerwort notwendig.

---

[1] Passen Sie auf, dass Sie die richtigen Zeichen verwenden! Gemeint ist das gerade ', nicht das rückwärtsgerichtete `.

```
$l = <<<STEUERWORT
Hier ein mehrzeiliger String,<br />
der erst fertig ist, wenn das oben<br />
definierte Steuerwort ein zweites<br />
Mal vorkommt. <br />
STEUERWORT;

echo $l;
echo "<br />";

$m = <<<ABC_HALLO
Sie dürfen natürlich ein<br />
beliebiges Wort als Steuer-<br />
wort verwenden. Passen Sie aber<br />
auf, dass es nicht im Text schon<br />
vorkommt!<br />
ABC_HALLO;

echo $m;
```

Dies sieht im Browser dann so aus:

```
Hier ein mehrzeiliger String,
der erst fertig ist, wenn das oben
definierte Steuerwort ein zweites
Mal vorkommt.

Sie dürfen natürlich ein
beliebiges Wort als Steuer-
wort verwenden. Passen Sie aber
auf, dass es nicht im Text schon
vorkommt!
```

Boolean (boolesche Variablen): logische Variablen

Soll eine Variable einen Wahrheitswert ausdrücken, kann man ihr diese Form zuweisen. Sie kann dann nur zwei Werte annehmen: wahr oder falsch. Sie können dazu die Schlüsselwörter true und false benutzen, die PHP zur Verfügung stellt. (Gross- oder Kleinschreibung ist egal.)

```
$h = true;      // Damit wird die Variable als "wahr" definiert.
$i = false;     // So wird sie als "unwahr" definiert.
```

Beachten Sie, dass Sie keine Anführungszeichen einsetzen dürfen, da die Anweisung von PHP ansonsten als normaler Text betrachtet wird.

Folgende Werte anderer Datentypen werden von PHP im Falle eines Vergleichs ebenfalls als false, also als unwahr, betrachtet:

- Integer 0
- Floating Point Number 0.0
- String (Text) «0» oder ein leerer String

8.1.3 Operatoren

Um einzelne Variablen miteinander zu verrechnen oder zusammenzufügen, verwendet man Operatoren.

Arithmetische Operatoren

Diese werden für die Grundrechenarten eingesetzt. Sie können Variablen addieren, subtrahieren, multiplizieren und dividieren. Beachten Sie, dass der Datentyp der Variablen eine Zahl sein muss (int / float). Eine Variable mit dem Datentyp «string» betrachtet PHP automatisch als Zahl mit dem Wert 0.

```
$n = 5;
$o = 8;
echo $n + $o;            // Ausgabe: 13
echo $n - $o;            // Ausgabe: –3
echo $n * $o;            // Ausgabe: 40
echo $n / $o;            // Ausgabe: 0.625 (wurde automatisch in einen Float umgewandelt!)
echo $n % $o;            // Modulus: Rest aus der Division. Ausgabe: 5

$satz = "Dies " . "und das"     // . hängt Zeichenketten aneinander
echo $satz              // Ausgabe: Dies und das
```

Hinweis

▷   Auch Strings können «addiert» werden. Der Punkt-Operator hängt zwei Strings aneinander.

Zuweisungsoperatoren

Zuweisungsoperatoren werden eingesetzt, um Variablen einen bestimmten Wert zuzuweisen. Das einfache Gleichheitszeichen weist einer Variablen einen neuen Wert zu. Hatte diese Variable bereits einen Wert, wird dieser gelöscht. Sie können die Zuweisung mit einem anderen Operator kombinieren: So addiert += dem bisherigen Wert den neuen Wert hinzu, -= hingegen subtrahiert den neuen Wert vom alten.

```
$p = 13;
$q = "Hallo";

echo $p += 8;           // 8 wird nicht neu zugewiesen, sondern addiert. Ausgabe: 21
echo $q .= " Leute";    // Leute wird nicht neu zugewiesen, sondern der bestehenden Variablen hinzugefügt.
                        // Ausgabe: Hallo Leute
```

Vergleichsoperatoren

Vergleichsoperatoren benötigt man, um zwei Werte (z. B. in Variablen) zu vergleichen. Ist der Vergleich zutreffend, ist das Resultat `true`, ansonsten `false`.

```
$r == $s                // Gleichheit (wenn $r gleich $s)
$r === $s               // Typengleichheit (wenn $r gleich $s und gleichzeitig derselbe Typ)
$r > $s                 // Grösser als (wenn $r grösser als $s)
$r != $s                // Nicht gleich (wenn $r ungleich $s)
$r <= $s                // Kleiner gleich (wenn $r kleiner oder gleich $s)
$r >= $s                // Grösser gleich (wenn $r grösser oder gleich $s)
```

Passen Sie auf, dass Sie die Zuweisung = und den Vergleichsoperator == nicht verwechseln!

Fehlerkontrolloperator

Zur Fehlerkontrolle existiert in PHP nur ein Operator, das at-Zeichen @. Wird es vor eine Funktion gesetzt, dann gibt diese keine Fehlermeldung aus, falls sie nicht funktionieren sollte.Verwenden Sie diesen Operator nicht, um einen Fehler zu unterdrücken, der die ganze Zeit auftritt und Sie stört. Generieren Sie zuerst korrekte Scripts, die ohne Fehler laufen, und setzen Sie höchstens dann gezielt diesen Operator ein, um unvorhergesehene

Situationen abzufangen. Für einen Benutzer ist es sehr verwirrend, wenn plötzlich eine Datenbankmeldung auftritt.

Hinweis

▷ Beachten Sie, dass Sie mit diesem Fehlerkontrolloperator keine Syntaxfehler unterdrücken können. Sie können lediglich verhindern, dass Funktionen einen Ablauffehler ausgeben.

Hier ein Beispiel der Anwendung. Mit dem at-Zeichen wird dieses Script keinen Fehler ausgeben. Nehmen Sie es jedoch weg und führen das Script aus, reklamiert PHP. Die Funktion `mysqli_connect()` kann mit dem gegebenen Wert keine sinnvolle Datenbankverbindung aufbauen und würde ohne @-Zeichen eine eher technische englische Fehlermeldung ausgeben.

```
// Hier wird die Funktion mysqli_connect() eingesetzt, um
// mit einer Datenbank Kontakt aufzunehmen. Es werden aber
// absichtlich falsche Werte angegeben.

$connection = @mysqli_connect("Hier sollten Parameter stehen");
```

8.2   Arrays: mehrfache Variablen / Variablenfeld

Variablen setzen Sie zur Speicherung von einem Wert ein. Ist es nun aber nötig, mehrere Werte zu speichern, die irgendwie miteinander in Zusammenhang stehen, können Sie auf das **Array** zurückgreifen. Wenn Sie sich die Variable wie eine Schublade vorstellen, dann wäre ein Array analog dazu eine Kommode, die mehrere Schubladen beinhaltet.

[8-2]   Welche Gemeinsamkeiten bestehen zwischen einem Array und einer Kommode?

Ein Array ist also ein Verbund von mehreren Variablen in einer festen Form. Die einzelnen Elemente oder Daten werden dabei üblicherweise von 0 an durchnummeriert. Diese Nummer ist der Index oder auch Key (Schlüssel). Der Inhalt wird als Value (Wert) bezeichnet.

8.2.1   Wie erzeuge ich ein Array?

Um ein Array zu erzeugen, können Sie die Funktion `array()` einsetzen.

```
$werkzeuge = array("Zange", "Hammer", "Schraubenzieher", "Bohrmaschine");
```

Sie haben nun ein Array «Werkzeuge» erzeugt, das vier Elemente beinhaltet: Zange, Hammer, Schraubenzieher und Bohrmaschine. Die Zange hat dabei den Index 0, der Hammer 1 etc. Wie Sie sehen, sieht ein Array äusserlich genau gleich aus wie eine Variable – es hat ebenfalls das Dollarzeichen $ vorangestellt.

Um die Elemente wieder auszulesen, benutzen Sie **eckige Klammern,** in denen Sie den Index des Elements angeben:

```
$werkzeuge = array("Zange", "Hammer", "Schraubenzieher", "Bohrmaschine");
echo $werkzeuge[0];
echo "<br />";
echo "$werkzeuge[1] (um Nägel einzuschlagen)";
```

Dies ergibt folgenden Output:

```
Zange
Hammer (um Nägel einzuschlagen)
```

Sie können die eckigen Klammern aber auch verwenden, um dem Array neue Elemente hinzuzufügen. Lassen Sie die Klammern dabei leer, wird das zugewiesene Element dann einfach am Schluss des Arrays angefügt, schreiben Sie eine Nummer in die Klammer, wird dem Element diese Nummer zugewiesen. Falls bereits ein Element mit dieser Nummer existiert, wird es überschrieben.

```
$werkzeuge = array("Zange", "Hammer", "Schraubenzieher", "Bohrmaschine");

$werkzeuge[] = "Lötkolben";            // Dieses Element wird angefügt.
echo $werkzeuge[4];
echo "<br />";
echo $werkzeuge[0] . "<br />";

$werkzeuge[0] = "Allzweckzange";       // Das Element 0 wird ersetzt.
echo $werkzeuge[0] . "<br />";
```

Dies ergibt folgenden Output:

```
Lötkolben
Zange
Allzweckzange
```

Um auf schnelle Weise den Inhalt eines Arrays auszugeben, können Sie die Funktion print_r() verwenden. Sie stellt Arrays (und Variablen) in einer allgemein lesbaren Form dar.

```
$werkzeuge = array("Zange", "Hammer", "Schraubenzieher", "Bohrmaschine");
print_r($werkzeuge);
```

Dies ergibt folgenden Output:

```
Array ( [0] => Zange [1] => Hammer [2] => Schraubenzieher [3] => Bohrmaschine )
```

8.2.2   Verschiedene Formen des Arrays

Die Elemente eines Arrays können nicht nur mithilfe von Indizes[1] gekennzeichnet werden. Sie dürfen den Elementen in PHP auch individuelle Namen geben. Elemente eines solchen Arrays können dann auch über die entsprechenden Namen abgerufen werden.

[1] Plural von Index.

Sie können die Namen der Elemente wie folgt zuweisen:

```
// Variante 1
$werkzeuge = array("Zange" => "Allzweckzange", "Hammer" => "Schlosserhammer");
echo $werkzeuge["Zange"];
echo "<br /><br />";

// Variante 2
$verein["Präsident"] = "W. Müller";
$verein["Aktuar"] = "S. Zimmermann";
echo "Anwesend war nebst " . $verein["Präsident"] . " auch " . $verein["Aktuar"];
```

Diese Art von Array wird **«assoziatives Array»** genannt. Programmierer kennen diese Form des Arrays aus anderen Programmiersprachen als «Hash», «Map» oder «Dictionary».

Eine weitere Form, auf die hier nicht näher eingegangen wird, ist das **«mehrdimensionale Array».** Dabei wird als Element eines Arrays ein weiteres Array gespeichert. Sie können so beliebig verschachtelte Arraykonstrukte aufbauen. Um beim Vergleich zu bleiben: Sie hätten eine Kommode mit mehreren Schubladen und in jeder Schublade hat es wiederum ein Kästchen mit mehreren Fächern.

Erzeugen und abfragen können Sie mehrdimensionale Arrays beispielsweise so (analog der zweiten Variante beim vorhergehenden Beispiel):

```
$weltkarte["Europa"]["Schweiz"]["Hauptstadt"] = "Bern";
$weltkarte["Europa"]["Italien"]["Hauptstadt"] = "Rom";

echo $weltkarte["Europa"]["Schweiz"]["Hauptstadt"] . "<br />";
echo $weltkarte["Europa"]["Italien"]["Hauptstadt"] . "<br />";
```

8.3   Verzweigungen

Um Scripts erstellen zu können, sind auch **Kontrollstrukturen** notwendig. Sie gehören, ähnlich wie die Variablen, ebenfalls zum Grundrepertoire der Programmierung.

Die **Verzweigungen** werden benötigt, um Fälle zu unterscheiden.

8.3.1 Einfache Verzweigung: if

Eine **einfache if**[1]**-Verzweigung** wird dazu benutzt, Programmteile zu überspringen, wenn sie nicht benötigt werden. Hier ein Beispiel:

```
$ampel = "...";              // irgendein Wert

if($ampel == "rot")          // falls der Wert "rot" ist ...
{
    echo "Anhalten!";
}
```

Hier wurde die if-Anweisung eingesetzt. Sie besteht aus dem Befehl `if`, aus der Bedingung in normalen Klammern und der Aktion in geschwungenen Klammern.

```
if( Bedingung )
{
    Aktion / Handlung:
    (Wird durchgeführt, wenn Bedingung "wahr" ist.)
}
```

Wenn die Bedingung zutrifft, also als `true` (wahr, zutreffend) angesehen wird, kommt die Aktion zur Ausführung. Wenn die Bedingung nicht zutrifft, also als `false` (falsch, unzutreffend) angesehen wird, dann wird die Aktion ignoriert. Hier werden Vergleichsoperatoren eingesetzt, um zwei Variablen miteinander zu vergleichen. Beachten Sie dazu das Kapitel 8.1.3, S. 84.

Geben Sie obiges Beispiel in Ihren Code Editor ein und führen Sie das Script auf dem Webserver aus. Es wird Ihnen Folgendes angezeigt:

```
Anhalten!
```

Wenn Sie den Inhalt der Variablen `$ampel` durch `"grün"` ersetzen und das Script ausführen, werden Sie keinen Output erhalten. Die Bedingung trifft nicht zu, also wird die Anweisung ignoriert.

Hinweis

▷ Beachten Sie, dass unmittelbar nach der if-Anweisung kein Semikolon gesetzt wird, da die Bedingung und die Aktion zusammengehören.

Sie können als Bedingung in einer if-Anweisung eine beliebige Operation oder Funktion verwenden. Gibt Ihr Code in der Klammer `true` zurück, wird die Handlung ausgeführt, sonst nicht.

Um zu prüfen, ob eine Variable überhaupt gesetzt wurde, können Sie folgende Bedingung verwenden. Wenn die Variable gesetzt ist und einen Inhalt hat, dann ist die Bedingung erfüllt.

```
if(isset($test))
{
    echo "Variable \$test vorhanden.<br />";
    echo "Inhalt: $test";
}
```

[1] Englisch für: falls.

8.3.2 Verzweigung: else

Da Sie mit der if-Anweisung grundsätzlich nur einen Zustand abfragen können, haben Sie die **else**[1]**-Verzweigung** zur Verfügung. Diese umfasst alle Zustände, die von den if-Anweisungen nicht abgedeckt werden.

WENN: Ampel rot, DANN: anhalten.

SONST: weiterfahren.

Die else-Anweisung deckt die Zustände «in allen anderen Fällen» ab. Sie verlangt keine Bedingung, wird ansonsten aber wie die if-Anweisung verwendet.

```
$ampel = "grün";

if($ampel == "rot")            // falls Bedingung erfüllt ist ...
{
    echo "Anhalten!";
}
else                           // sonst
{
    echo "Weiterfahren!";
}
```

Wenn Sie die Variable `$ampel` mit `rot` definieren, wird «Anhalten!» ausgegeben. In allen anderen Fällen würde «Weiterfahren!» ausgegeben.

8.3.3 Verzweigung: elseif

Dies ist eine Erweiterung der if-Verzweigung. Sie können einen weiteren Bedingungsteil anhängen. Die **elseif-Verzweigung** verlangt ebenfalls nach einer Bedingung.

```
$ampel = "grün";

if ($ampel == "rot")           // falls Bedingung erfüllt
{
    echo "Anhalten!";
}
elseif($ampel == "grün")       // sonst falls diese Bedingung erfüllt
{
    echo "Weiterfahren!";
}
else                           // sonst
{
    echo "Vorsichtig weiterfahren!";
}
```

Im obigen Beispiel würde die Ausgabe «Weiterfahren!» erfolgen, da die Variable `$ampel` als «grün» definiert ist.

Sie dürfen beliebig viele elseif-Anweisungen verwenden. Sie müssen davor allerdings immer eine if-Anweisung einsetzen. Die else-Anweisung ist dabei nicht zwingend, Sie können auch darauf verzichten. Sie darf allerdings ebenfalls nur einmal verwendet werden.

[1] Englisch für: sonst.

Hier das Beispiel mit der Ampel noch einmal weiter verfeinert.

```php
$ampel = "kaputt";

if($ampel == "rot")              // Test
{
    echo "Anhalten!";
}
elseif($ampel == "grün")         // erste Alternative
{
    echo "Weiterfahren!";
}
elseif ($ampel == "orange")      // zweite Alternative
{
    echo "Zur Weiterfahrt vorbereiten!";
}
else                             // sonst
{
    echo "Vorsichtig weiterfahren!";
}
```

8.3.4 Verzweigung: switch

Eine andere Art, zwischen Variablenwerten zu unterscheiden, ist die switch-Anweisung. Dabei wird nur eine einzige Variable «untersucht» und mit verschiedenen Werten verglichen. Ergibt ein solcher Vergleich eine wahre Aussage, wird die entsprechende Anweisung ausgeführt.

```php
$ampel = "orange";

switch($ampel)
{
  case "rot":
        echo "Anhalten!";
        break;

  case "grün":
        echo "Weiterfahren!";
        break;

  case "orange":
        echo "Zur Weiterfahrt vorbereiten!";
        break;

  default:
        echo "Vorsichtig weiterfahren!";
}
```

Hier übernimmt der Teil `default` ungefähr die Aufgabe des else-Zustands in der if-Anweisung. Beachten Sie auch hier, dass der Anweisung `switch` kein Semikolon folgt, da sie zum folgenden Teil gehört.

Die Anweisungen `break` bewirken, dass die Durchführung unterbrochen wird, wenn ein Fall zutrifft. Sie dürfen sie auch weglassen, dann werden selbst bei Zutreffen der Bedingung noch alle weiteren Fälle ebenfalls geprüft.

8.4 Schleifen

Eine **Schleife** setzen Sie immer dann ein, wenn dieselben Aktionen mehrmals hintereinander ausgeführt werden sollen. Es gibt verschiedene Arten von Schleifen, die grundsätzlich alle das Gleiche machen, aber verschieden angesteuert werden. Hier werden die drei gebräuchlichsten Schleifen vorgestellt.

8.4.1   Schleife: while

Diese Schleifenart ähnelt sehr stark der if-Anweisung. Wurde da die Aktion durchgeführt, wenn die Bedingung zutraf, wird hier die Aktion so lange durchgeführt, wie die Bedingung zutrifft. Die **while-Schleife** hat grundsätzlich folgende Form:

```
while( Bedingung )
{
    Aktion / Handlung
}
```

In den Bedingungsklammern können Sie ähnlich wie bei der if-Anweisung eine Bedingung formulieren. Zum Beispiel so:

```
$zahl = 1;

while($zahl <= 10)
{
    echo "Wert der Variablen: $zahl<br />";
}
```

Wenn Sie diesen Code eingeben und ausführen, wird Ihr Browser vielleicht verrücktspielen. Drücken Sie auf jeden Fall kurz nach Aufruf die Stopp-Taste, um die Ausführung zu unterbrechen. Was Sie hier haben, ist eine sog. Endlosschleife. Eine Endlosschleife läuft auf ewig weiter (oder bis der Computer abstürzt), da unzureichend definiert ist, wann sie aufhören soll, oder weil unzureichende Massnahmen getroffen wurden, damit die Bedingung nicht erfüllt wird (die while-Schleife läuft ja so lange, wie die Bedingung erfüllt ist).

Um das obige Beispiel zu korrigieren, damit es keine Endlosschleife mehr ist, müssen Sie einen Operator anbringen, der den variablen Wert nach jedem Durchlauf verändert. Um z. B. nach jedem Durchlauf 1 zu addieren, setzen Sie eine der beiden folgenden Zeilen ein:

```
$zahl = $zahl + 1;
```

oder

```
$zahl++
```

Das obige Beispiel sieht also nach der Verbesserung so aus:

```
$zahl = 1;

while($zahl <= 10)
{
    echo "Wert der Variablen: $zahl<br />";
    $zahl++;
}
```

Solange die Variable $zahl also kleiner oder gleich 10 ist, wird die Aktion ausgeführt.

8.4.2   Schleife: for

Diese Schleife ist nicht ganz so simpel wie die while-Schleife. Sie besteht zwar grundsätzlich aus den gleichen Elementen, die Bedingung ist aber ein wenig komplexer:

```
for( Ausgangslage; Bedingung; Aktion pro Durchlauf )
{
    Aktion / Handlung
}
```

Die Bedingung ist hier in drei Teile gegliedert, die durch Semikolons voneinander getrennt sind. Sie müssen sich bei der **for-Schleife** nicht darum kümmern, ob am Schluss der Schleife der Wert jetzt noch erhöht wird oder nicht, das ist alles bereits in dieser Bedingung inbegriffen. Beachten Sie, dass die «Aktion pro Durchlauf» erst am Ende des Schleifen-durchgangs angewendet wird. Eine for-Schleife in Aktion sieht so aus:

```
for($zahl=0; $zahl<50; $zahl++)
{
    echo "Ich darf keinen Essig in den Sirup schütten.<br />";
}
```

Alle Angaben, die Sie in der while-Schleife vorher oder im Bereich der Aktion definieren mussten, werden nun schon in der Bedingung verlangt. Sie dürfen die in der Bedingung eingesetzte Variable natürlich auch in oder nach der Schleife weiterverwenden.

Im folgenden Beispiel wird noch die Zeilennummer ermittelt:

```
for($zahl=0; $zahl<50; $zahl++)
{
    echo "Ich darf keinen Essig in den Sirup schütten. ";
    echo "(Zeile Nr. ";
    echo $zahl+1;
    echo ")<br />";
}
```

8.4.3   Schleife do-while

Die **do-while-Schleife** ist eigentlich nur eine Spielart der while-Schleife. Der Unterschied besteht darin, dass die Bedingung nicht mehr vor der Aktion bzw. Anweisung steht, son-dern danach. Daraus ergibt sich, dass do-while-Schleifen immer mindestens einmal ablau-fen. Diese haben folgenden Aufbau:

```
do
{
    Aktion / Handlung
}
while( Bedingung )
```

Es folgt ein kleines Beispiel für eine do-while-Schleife:

```
$zahl = 12;
do
{
    echo "Hallo<br />";
}
while ($zahl < 5);
```

Obwohl die Bedingung hier grundsätzlich nicht zutrifft (also `false` ist), wird die Aktion ein-mal durchgeführt. So können Sie sicherstellen, dass eine Handlung unabhängig von der Bedingung mindestens einmal ausgeführt wird.

Hinweis

▷   Da bei einer do-while-Schleife die Bedingung am Ende steht, ist sie nicht so gut lesbar. Als Programmierer sollten Sie diese Art der Schleife besser vermeiden.

8.5   Funktionen

Funktionen gehören zu den grundlegenden Elementen einer Programmiersprache. Wenn Sie Benutzereingaben oder sonstige Daten verändern oder bearbeiten wollen, benötigen Sie Funktionen.

In der Mathematik ist eine Funktion ein eindeutiger Zusammenhang zwischen zwei Gruppen von Werten. Analog der Mathematik ist hier eine Funktion dazu da, an einem Ursprungswert eine bestimmte Operation vorzunehmen und ihn so in einen gewünschten Zielwert zu verwandeln, wobei derselbe Ursprungswert klassischerweise immer denselben Zielwert ergibt. Funktionen, kann man vereinfacht sagen, verwandeln etwas in etwas anderes. Der Hauptvorteil einer Funktion ist der, dass mehrere solche Operationen in eine einzige zusammengefügt werden können.

Eine Programmiersprache besteht im Grunde genommen aus folgenden Bestandteilen (vereinfachtes Modell):

[8-3]   Die Hauptbestandteile einer Programmiersprache

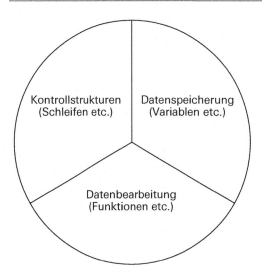

Die **Kontrollstrukturen** werden eingesetzt, um Entscheidungen zu treffen und Programme zu strukturieren. Die Elemente der Gruppe **Datenspeicherung** werden benötigt, um Daten zu transportieren. Für die **Datenbearbeitung** werden die Funktionen eingesetzt.

Die Kontrollstrukturen und Datenspeicherungs-Mechanismen sind in den meisten Programmiersprachen ähnlich. Was sich unterscheidet, sind die Funktionen. Aus diesem Grund ist es möglich, relativ leicht eine neue Programmiersprache zu lernen, wenn Sie bereits eine beherrschen, da Sie nur die Funktionen (auch Bibliotheken genannt) neu kennenlernen müssen.

In PHP gibt es drei **Arten von Funktionen:**

- **Systemfunktionen:** Diese Funktionen stehen Ihnen immer zur Verfügung.
- **Bibliotheksfunktionen:** Diese Funktionen können Sie erst nutzen, nachdem Sie eine entsprechende Bibliothek in PHP eingebunden haben.
- **Eigene Funktionen:** Diese Funktionen können Sie selber definieren und nutzen.

Es ist noch anzumerken, dass ein grosser Teil der Systemfunktionen in PHP im Prinzip lediglich Bibliotheksfunktionen sind, die schon seit längerer Zeit mitgeliefert werden.

8.5.1 Wie ist eine Funktion aufgebaut?

Stellen Sie sich eine Berechnungsmaschine vor, die eine einzige Operation durchführt. Oben geben Sie eine Zahl hinein und unten kommt das Resultat heraus.

Hier eine Berechnungsmaschine, die den eingegebenen Wert mit 2 multipliziert:

[8-4]   Einfache Berechnungsmaschine

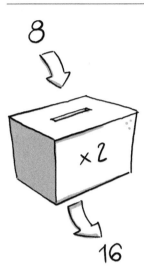

Eine Funktion können Sie sich nun ähnlich vorstellen wie eine solche Berechnungsmaschine. Sie geben oben Daten hinein und unten kommt anschliessend das Resultat, also die veränderten Daten, heraus.

Hier eine solche Datenverarbeitungsmaschine, also Funktion, die alle Buchstaben eines eingegebenen Worts in Grossbuchstaben verwandelt.

[8-5]   Funktionen verarbeiten nicht nur Zahlen, sondern generell Daten

Eine Funktion, die Sie selber programmieren resp. «definieren», hat grundsätzlich folgenden **Aufbau:**

```
function Funktionsname( Parameter )
{
    Aktion / Handlung
}
```

Die **Aktion (Handlung)** ist das, was in der Maschine drin passiert. Sie sehen nichts davon, wenn Sie eine Funktion aufrufen. Die **Parameter** sind ähnlich den Ausgangsdaten, die Sie oben einfüllen.

Eine Funktion, die eine Zahl mit 2 multipliziert, wird folgendermassen definiert:

```php
function malzwei($zahl)
{
    return $zahl * 2;
}
```

Sie haben ganz am Anfang das Schlüsselwort `function`, das die **Funktionsdefinition** einleitet. Dann folgt der Name, den Sie der Funktion geben wollen. Hier können Sie frei wählen, dürfen aber keinen von PHP bereits verwendeten Begriff einsetzen. Für Funktionsnamen gelten dieselben Regeln wie für Variablen, also keine Sonderzeichen oder Leerschläge, keine Ziffer am Anfang. Nach dem Funktionsnamen folgt die Klammer mit dem oder den Parametern. In den **geschwungenen Klammern** sind die Anweisungen, was die Funktion überhaupt machen soll. In unserem Fall wird der Parameter mit 2 multipliziert und das Resultat wieder «zurückgegeben».

Wenn Sie diese Funktion in PHP einsetzen und das Resultat gleich ausgeben wollen, sieht das so aus:

```php
// Funktionsdefinition
function malzwei($zahl)
{
    return $zahl * 2;
}

// Funktionsaufruf
$resultat = malzwei(8);
echo $resultat;
```

Sie erhalten folgende Ausgabe in Ihrem Browser:

```
16
```

Grundsätzlich können Sie das Resultat (die Ausgabe) auch direkt ausgeben. Wenn Sie allerdings mit diesem Output der Funktion weiterarbeiten wollen, müssen Sie ihn einer Variablen zuweisen. Folgende Zeile wäre die direkte Ausgabe:

```php
echo malzwei(8);
```

Sie können die Parameter auch als Variablen einsetzen:

```php
// Funktionsdefinition
function malzwei($zahl)
{
    return $zahl * 2;
}

// Funktionsaufruf
$parameter = 8;
$resultat = malzwei($parameter);
echo $resultat;
```

Der Output bleibt dabei derselbe.

Sie können jeden beliebigen PHP-Code in einer Funktion ausführen lassen. Beachten Sie allerdings, dass Sie Variablen, die Sie in einer Funktion definiert haben, nicht ausserhalb verwenden können (siehe auch Kap. 8.5.4, S. 98).

Übrigens: Zu dem Beispiel mit der Maschine, die alle Buchstaben in Grossbuchstaben verwandelt, gibt es in PHP bereits eine Funktion: `strtoupper()`. Man kann sie genau gleich einsetzen wie die vorherigen, selber gemachten Funktionen.

```
echo strtoupper("Hallo");
```

Als Output im Browser erhalten Sie:

```
HALLO
```

8.5.2   Parameter einer Funktion

Die **Parameter einer Funktion** sind so etwas wie die Verbindung zur Aussenwelt, wenn Sie sich eine Funktion als in sich geschlossenen Vorgang vorstellen. Parameter werden also verwendet, um Informationen in die Funktion einzubringen.

Der Zahl (oder dem Wert), die Sie beim Funktionsaufruf in die **runde Klammer** schreiben, wird in der Funktion eine ganz neue Variable zugewiesen, nämlich jene, die Sie bei der Funktionsdefinition als Parameter verwendet haben.

Wenn Sie also folgende Definition erstellt haben

```
function addition($zahl)
{
    return $zahl + 15;
}
```

und dann diesen Aufruf machen,

```
$wert = 213
echo addition($wert);
```

dann hat in der Funktion die Variable `$wert` keinen Bestand mehr. Der Inhalt dieser Variablen wurde entnommen und der neuen Variablen `$zahl` zugewiesen.

Sie dürfen so viele Parameter verlangen, wie Sie möchten. Die Parameter werden dabei durch Kommata abgetrennt. Als Beispiel eine Funktion, die zwei Zahlen miteinander multipliziert:

```
// Funktionsdefinition
function multiplikation($zahl1, $zahl2)
{
    return $zahl1 * $zahl2;
}

// Funktionsaufruf und gleichzeitig -ausgabe
echo multiplikation(23, 12);
```

Als Output sollten Sie nun das Resultat der Multiplikation erhalten, nämlich:

```
276
```

Die Funktion verlangt immer genau die Anzahl an Parametern, die Sie definiert haben. Wollen Sie einen Parameter optional gestalten, dann weisen Sie ihm schon in der Definition einen Wert zu. Folgende Funktion multipliziert zwei Zahlen. Wenn Sie nur eine Zahl angeben, dann wird als zweite Zahl automatisch 10 gewählt. Der zweite Parameter ist hier also optional.

```
function multiplikation($zahl1, $zahl2 = 10)
{
    return $zahl1 * $zahl2;
}
```

Eine Funktion darf auch keine Parameter haben. Dazu lassen Sie die Klammern einfach leer:

```
function saghallo()
{
    echo "Hallo Welt!";
}

saghallo();
```

8.5.3   Rückgabewert einer Funktion

Eine Funktion ist ein in sich geschlossener Vorgang, der nur über spezielle «Verbindungs-stellen» mit dem restlichen Code kommunizieren kann. Zur Eingabe der Daten verwendet man Parameter, zur Ausgabe kommt der **Rückgabewert** zum Einsatz. Dies ist eine Anweisung, die einen bestimmten Wert aus der Funktion an die «Aussenwelt» zurückgibt. In den Beispielen vorhin ist diese Anweisung schon vorgekommen, sie heisst `return`.

Mit `return` wird die Funktion sofort beendet und der entsprechende Wert wird als Rückgabewert «zurückgegeben», der dann im Script entsprechend abgefangen und weiterverwendet werden kann. Dies kann durch eine einfache Ausgabe geschehen oder auch durch die Zuweisung an eine Variable (wir greifen auf die obige Funktion zurück):

```
// Hier wird das Resultat lediglich ausgegeben.
echo multiplikation(3, 45);

// Hier wird das Resultat in eine Variable "abgefüllt", die dann ihrerseits
// wieder weiterverwendet werden kann.
$rueckgabewert = multiplikation(2, 12);
```

8.5.4   Variablen in Funktionen (Gültigkeitsbereich)

Die Abgeschlossenheit von Funktionen hat auch zur Folge, dass eine Funktion vollständig «variablendicht» ist; Variablen, die Sie ausserhalb der Funktion definiert haben, können Sie innerhalb der Funktion nicht ansprechen. Umgekehrt können Sie Variablen, die Sie innerhalb einer Funktion definieren, ausserhalb nicht ansprechen. Dies können Sie mit einem kleinen Experiment leicht prüfen:

```
$variable_aussen = "Test";

function test_funktion()
{
    echo $variable_aussen;
    $variable_innen = "Test2";
}

test_funktion();

echo $variable_innen;
```

Wenn Sie dieses Script ausführen, werden Sie aus oben genannten Gründen **keinen Output** erhalten. Für spezielle Fälle existiert allerdings eine Anweisung, die eine Variable überall gültig macht. Eine solche Variable nennt man dann **global gültig** und die Anweisung ist entsprechend: global.

Sie setzen diese Anweisung in die Funktion ein und verhindern so einerseits, dass Variablen von ausserhalb ignoriert und andererseits Variablen der Funktion am Schluss der Funktion wieder gelöscht werden.

Bei folgendem Beispiel würden Sie die erwartete Ausgabe erhalten:

```
$variable_aussen = "Test";

function test_funktion()
{
    global $variable_aussen, $variable_innen;
    echo $variable_aussen;
    $variable_innen = "Test2";
}

test_funktion();

echo $variable_innen;
```

Beachten Sie, dass Sie die Anweisung nicht permanent einsetzen sollten, da Sie schnell einmal die Übersicht verlieren, wo welches Stück Code eine globale Variable liest oder gar deren Wert ändert. Fehler durch solche Probleme sind sehr schwierig zu finden.

8.5.5 Funktionen in Verzweigungen

Als **Bedingung einer Verzweigung** können Sie auch eine Funktion einsetzen. Dabei wird bei der Bedingung der Rückgabewert der Funktion interpretiert. Bestimmte Funktionen eignen sich sehr gut zur Abfrage von Variablen. Diese seien hier kurz vorgestellt.

isset()

Mit der Funktion isset() prüfen Sie, ob eine Variable überhaupt definiert ist. Ist eine Variable vorhanden (gesetzt), gibt sie true zurück, sonst false. Die Variable kann aber auch leer sein, die Bedingung ist trotzdem erfüllt.

```
if(isset($test))
{
    echo "Variable \$test vorhanden.<br />";
    echo "Inhalt: $test";
}
```

empty()

Sie können auch prüfen, ob eine Variable leer ist. Dies machen Sie mithilfe der Funktion `empty()`. Leer ist eine Variable dann, wenn sie zwar definiert ist, aber keinen Inhalt hat, oder wenn der Inhalt die Zahl 0 ist.

```
if(empty($test))
{
    echo "Variable \$test ist leer.";
}
```

Wollen Sie eine Bedingung umkehren, benutzen Sie den Umkehroperator ! (Ausrufezeichen). Folgende Bedingung trifft nur zu, wenn die Variable nicht leer ist.

```
if(!empty($test))
{
    echo "Variable \$test ist nicht leer.";
}
```

8.5.6   Zur Verwendung von Funktionen

Alle Funktionen arbeiten nach dem gleichen Prinzip: Sie rufen eine Funktion mit bestimmten Parametern auf und die Funktion gibt Ihnen einen Rückgabewert zurück. Wenn Sie einmal wissen, wie Funktionen anzuwenden sind, dann sind Sie auch nicht mehr auf grosse Erklärungen angewiesen; anhand des Funktionsnamens und der verlangten Parameter können Sie die Aufgabe der Funktion bereits erahnen und die Funktion erfolgreich einsetzen.

Beispiel

Die Aufgabe der Funktion `strtolower()` wird bereits anhand des Funktionsnamens ersichtlich: strtolower setzt sich aus den einzelnen Wörtern string to lower case zusammen, was so viel bedeutet wie: Zeichenkette zu Kleinbuchstaben (umwandeln). Diese Funktion wird also eingesetzt, um alle Grossbuchstaben eines Texts in Kleinbuchstaben umzuwandeln.

Darstellungskonvention (Funktion)

Bei der Darstellung von Funktionen hält sich dieses Lehrmittel an die Schreibweise, die auf der «offiziellen» PHP-Website ebenfalls angewendet wird. Eine Funktion wird grundsätzlich wie folgt dargestellt:

```
Rückgabewert Name( Parameter [, Optionaler Parameter] )
```

Erläuterungen:

- Der fett gedruckte Begriff entspricht dem Funktionsnamen.
- Der Parameter beschreibt, welchen Parameter die Funktion verlangt.
- Der Rückgabewert beschreibt, welchen Typ von Rückgabewert die Funktion zurückgibt.

Die Funktion `strtolower()` würde demnach wie folgt aussehen:

```
string strtolower ( string Text )
```

Der Funktionsname lautet `strtolower`. Die Funktion verlangt nach einem Parameter, nämlich einem String (dem Ausgangstext). Der Rückgabewert ist auch ein String, logischerweise der umgewandelte Text.

Sie wissen nun, wie viele Parameter die Funktion verlangt, nämlich einen. Sie wissen auch, was für ein Typ Parameter verlangt ist, nämlich ein String. So können Sie die Funktion ohne Probleme im eigenen Script einsetzen.

Konventionen für Rückgabewert und Parameter (Funktion)

Der Rückgabewert besteht aus einem Element, dem Datentyp des Rückgabewerts. Der Parameter der Funktionsdefinition besteht aus zwei Elementen:

- Das erste Element gibt an, welcher Datentyp verlangt ist.
- Das zweite Element beschreibt, welche Rolle dieser Parameter spielt bzw. welche Funktion er erfüllt.

Die Funktion

```
float round(float Wert [, int Präzision])
```

rundet Zahlen. Sie verlangt einen Parameter zwingend, nämlich den Wert (die Zahl), die gerundet werden soll. Diese Zahl hat den Typ «float», ist also eine Fliesskommazahl. Der zweite Parameter ist optional, d. h. nicht zwingend. Mit diesem Parameter legen Sie die Präzision der Rundung fest, d. h., auf wie viele Stellen der Wert (die Zahl) gerundet werden soll. Als Rückgabewert erhalten Sie eine Fliesskommazahl.

Als Parameter oder Rückgabewert können folgende Datentypen vorkommen:

Datentyp	Bedeutung	Beispiele
int	Ganzzahl	3, 24, –945
float	Fliesskommazahl	3.5, 0.333333
string	Zeichenkette	Hallo, 11er
array	Array	
object	Objekt	
bool	Boolescher Typ	true (1), false (0)
void	Keine Rückgabe	
resource	Ein Pointer oder Handle	
mixed	Mehrere Datentypen möglich	

8.6 Vordefinierte Systemvariablen

PHP stellt verschiedene global erreichbare **Systemvariablen** zur Verfügung.

8.6.1 Variablen für den Zugriff auf HTML-Parameter

Jedes PHP Script hat Zugriff auf die drei Variablen $_POST, $_GET und $_REQUEST. Diese drei Variablen enthalten die an das Script übergebenen Werte. Jede dieser Variablen ist ein assoziatives Array, dessen Elemente so heissen wie die Formularelemente. Hier ein einfaches Beispiel:

Die URL http://www.server.ch/datei.php?name=Frank schickt den Namen «Frank» mit einer GET-Anfrage an das PHP Script. Im Array $_GET kann dann der Wert abgerufen werden:

```
echo $_GET["name"];
```

Werte aus einem Formular, das mit `method="POST"` abgeschickt worden ist, sind auf die gleiche Art im assoziativen Array `$_POST` zu finden. Das Array `$_REQUEST` enthält alle übermittelten Parameter, unabhängig von der Übermittlungsart.

8.6.2 Allgemeine Systeminformationen

PHP stellt bestimmte **Systemdaten** standardmässig zur Verfügung, die jederzeit über das assoziative Array `$_SERVER` zugänglich sind. Hier eine Auswahl der wichtigsten Servervariablen:

```
//Servervariablen unter PHP

// Name der momentan geöffneten Datei
echo $_SERVER["PHP_SELF"];

// Name des Servers
echo $_SERVER["SERVER_NAME"];

// Name und Version des Zugangsprotokolls
echo $_SERVER["SERVER_PROTOCOL"];

// Der Query String, falls vorhanden
echo $_SERVER["QUERY_STRING"];

// Zeigt das Document-Root an, wie es in der Konfigurationsdatei des Webservers definiert ist
echo $_SERVER["DOCUMENT_ROOT"];

// Adresse, die auf die aktuelle Seite verwiesen hat, falls vorhanden
echo $_SERVER["HTTP_REFERER"];

// Name resp. Kennung des Browsers des Besuchers
echo $_SERVER["HTTP_USER_AGENT"];

// IP-Adresse des Besuchers
echo $_SERVER["REMOTE_ADDR"];

// Port, der verwendet wird, um mit dem Webserver zu kommunizieren
echo $_SERVER["REMOTE_PORT"];

// Port, der vom Webserver verwendet wird, um mit dem Besucher zu kommunizieren
echo $_SERVER["SERVER_PORT"];
```

8.7 Objekte erzeugen und verwenden

In seiner neusten Version 5 bietet PHP «echte» Objektorientiertheit an. In früheren Versionen waren entsprechende Sprachkonstrukte zwar vorhanden, die aber im Wesentlichen einfach das Funktionenkonzept weiterführten.

Es ist nun also in PHP einfacher möglich, wiederverwertbare Software auf Objektbasis zu verfassen. Dieses Kapitel gibt eine kurze Einführung in die Syntax von Objekten in PHP 5, ist jedoch keine Einführung in die objektorientierte Programmierung.

Hinweis

▷ Die Syntax in PHP 5 unterscheidet sich in einigen Punkten massgeblich von derjenigen in PHP 4. Konsultieren Sie bei Bedarf die Dokumentation auf der offiziellen PHP-Website[1].

---

[1] Siehe Link-Verzeichnis am Anfang des Lehrmittels.

Als Beispiel eines Objekts wurden die Session-Behandlung und die Datenbankverbindung der Beispielapplikation als Objekte gestaltet. Beachten Sie dazu den Beispielcode.

8.7.1 Klassen und Interfaces definieren

Eine **Klassendefinition** befindet sich stets innerhalb geschwungener Klammern, wobei der Klassenname durch das Schlüsselwort `class` gekennzeichnet ist. Der Klassenname kann ein beliebiger Name sein, der nicht bereits als Schlüsselwort vorhanden ist.

```
class Test
{
  // ...
}
```

Interfaces werden analog definiert:

```
interface MeinInterface {
  // ...
}
```

8.7.2 Instanzvariablen und Methoden

Instanzvariablen und **Methoden,** also die Funktionen, die eine Klasse zur Verfügung stellt, werden wie folgt gesetzt:

```
class Test
{
  // Instanzvariablen
    private $test_text = "";

  // Methoden
    public function set_text($text)
    {
        $this->test_text = $text;
    }

    public function display_text()
    {
        print($this->test_text);
    }
}
```

Die Schlüsselwörter `public,` `protected` und `private` definieren, wer auf das entsprechende Element zugreifen darf:

- `public`: Man kann von überall (insbesondere auch von ausserhalb des Objekts) aus auf das Element zugreifen.
- `protected`: Man kann nur in derselben Klasse und in abgeleiteten Klassen auf das Element zugreifen.
- `private`: Man kann nur in derselben Klasse auf das Element zugreifen.

In einem Script kann die Klasse nun zu einem Objekt instanziiert werden:

```
$test = new Test();
$test->set_text("Hello World!");
$test->display_text();
```

ergibt die Ausgabe:

```
Hello World!
```

Zur Illustration der Zugriffsstufen kann probiert werden, auf die geschützte Klassenvariable $test_text zuzugreifen:

```
print($test->test_text);
```

Als Resultat erhält man wie erwartet einen Fehler:

```
Fatal error: Cannot access private property Test::$test_text in ...
```

8.7.3   Konstruktor und Destruktor

Ein **Konstruktor** für eine Klasse ist eine Methode, die bei der Instanziierung automatisch ausgeführt wird. Das Gegenstück, der **Destruktor,** wird ausgeführt, wenn das Objekt zerstört wird oder alle Referenzen aufgelöst wurden. Sie sehen so aus:

```
class Test
{
// Konstruktor
  function __construct()
  {
// ...
  }

// ...

// Destruktor
  function __destruct()
  {
// ...
  }

}
```

Hinweis

▷   Die Namen für beide Funktionen sind fest vorgegeben und sind für jede Klasse gleich.

8.7.4   Vererbung implementieren

Um die Eigenschaften einer Klasse zu erben, verwendet man das Schlüsselwort extends nach dem Klassennamen, gefolgt vom Namen der Klasse, die man beerben möchte. Methoden der Vaterklasse können ganz einfach überschrieben werden, indem man neue Methoden mit demselben Namen wie die zu überschreibende Methode erstellt. Auf Elemente aus der Vaterklasse kann mit dem Schlüsselwort parent:: zugegriffen werden.

```
class ErweiterterTest extends Test
{
// Überschreiben der Methode aus der Klasse "Test"
  function display_text()
  {
    print("Neuer Text: ");
    parent::display_text();
  }
}
```

Instanziiert man nun die erweiterte Klasse, wird beim Aufruf der entsprechenden Klasse die überschriebene Variante verwendet:

```
$erw_test = new ErweiterterTest();
$erw_test->set_text("Hello World!");
$erw_test->display_text();
```

ergibt die Ausgabe:

```
Neuer Text: Hello World!
```

In diesem Kapitel haben Sie die sprachlichen Grundlagen von PHP kennengelernt: Zuerst haben Sie gesehen, dass Sie PHP ganz einfach mit den PHP-Tags `<?php` und `?>` in **HTML** einbinden. Dann haben Sie erfahren, dass jede Anweisung in PHP mit einem **Semikolon** (;) abgeschlossen werden muss und dass der Code übersichtlicher wird, wenn Sie für jede Anweisung eine eigene Zeile verwenden. Schliesslich wurden die beiden Kennzeichnungsmöglichkeiten für **Kommentare** eingeführt: // für einzeilige Kommentare und /* für mehrzeilige Kommentare.

Variablen erkennen Sie in PHP anhand des vorangestellten Dollarzeichens (z. B. `$variable`). Eine Variable kann jederzeit ganz einfach über den selbst gewählten Namen aufgerufen werden, ohne dass die genaue Speicheradresse des zugehörigen Datensatzes bekannt sein muss. Je nach Daten können Variablen verschiedene **Datentypen** einnehmen, die unterschiedliche Eigenschaften aufweisen. Das geschieht automatisch; der Datentyp muss nicht vorher deklariert werden.

Arrays sind eine Art von Variablenverbund und umfassen mehrere zusammenhängende Daten, die in Form einer nummerierten Liste zusammengefasst sind.

Weiter haben Sie einiges über wichtige **Kontrollstrukturen** erfahren; Sie kennen nun die if-Verzweigung und auch die komplexeren Formen (elseif- und else-Verzweigung), die verwendet werden, um Teile des Codes in bestimmten Fällen zu überspringen.

Bei den **Schleifen** haben Sie die while- und die for-Schleife kennengelernt. Sie wissen nun, dass man diese verwendet, um Teile des Codes zu wiederholen.

Funktionen werden eingesetzt, um mehrere Operationen zu einer einzigen zusammenzufassen und wiederverwerten zu können. Sie dienen also auch als organisatorisches Element. Variablen, die im Verlauf eines Script definiert werden, sind in einer Funktion nicht gültig. Um in einer Funktion Daten verwenden zu können, muss man sie als **Parameter** übergeben. Analog dazu muss der Output der Funktion als **Rückgabewert** aufgefangen werden.

Damit das Script überhaupt Eingaben von Benutzern erhalten kann, ist eine **Parameterübergabe** von HTML-Seiten notwendig. Benutzereingaben werden entweder mit einem Formular oder über die URL erfasst und stehen im aufgerufenen Script direkt als Array zur Verfügung.

Sie haben erfahren, dass der Name einer Funktion bereits auf deren Aufgabe schliessen lässt. Anhand des **Funktionsnamens** lassen sich also oft der Zweck und die Auswirkungen einer Funktion festmachen. In der einschlägigen Literatur werden Funktionen immer etwa gleich dargestellt: Zunächst wird der Datentyp des Rückgabewerts angegeben, danach folgt der Funktionsname und anschliessend folgen in Klammern die Parameter, wobei immer zuerst der Datentyp und dann die Art des verlangten Parameters notiert ist.

Bestimmte Werte, die sog. **Systemvariablen,** sind in PHP standardmässig vorhanden und können zu jedem Zeitpunkt abgerufen werden. Sie sind im reservierten Array `$_SERVER` gespeichert.

Objekte werden zur Kapselung von Code eingesetzt und unterstützen stark die Wiederverwertbarkeit von Codeabschnitten. PHP 5 unterstützt diese nun endlich auch als echte Objekte.

Repetitionsfragen

28 Warum sollten Sie beim Programmieren für jede einzelne Anweisung eine neue Zeile benutzen? Nennen Sie stichwortartig zwei Gründe.

29 Nennen Sie die Datentypen folgender Variablen:

```
$wert1 = 245;
$wert2 = "Hallo Leute";
$wert3 = -23;
$wert4 = 0;
$wert5 = 12.05;
$wert6 = true;
$wert7 = "1021";
```

30 Beschreiben Sie stichwortartig, welche Aufgaben folgende Funktionen vermutlich erfüllen:

```
pdf_set_word_spacing()
xml_get_current_line_number()
shell_exec()
is_infinite()
```

31 Erklären Sie in einem Satz die Bedeutung des Elements vor dem Funktionsnamen.

32 Welche Ausgabe ergibt folgende Schleife? Notieren Sie den Output, wie er auf dem Bildschirm erscheint.

```
for($z = 0; $z<=20; $z = $z+2)
{
    echo "$z   ";
}
```

33 Nennen Sie stichwortartig die beiden Wirkungen, die `return` in einer Funktion erzielt.

34 Innerhalb einer Funktion ist keine Variable aus dem Script gültig. Welche zwei Möglichkeiten haben Sie, Daten in eine Funktion zu bringen?

35 Welches ist die spezielle Eigenschaft fussgesteuerter Schleifen (do-while)?

36 Welche Bildschirmausgabe erhalten Sie mit folgender PHP-Anweisung auf Ihrem lokalen Webserver?

```
echo $_SERVER["REMOTE_ADDR"];
```

37 Nennen Sie die Eigenschaft, die Systemvariablen von «normalen» Variablen unterscheidet.

38 Wie kann man verhindern, dass auf eine Objektvariable von ausserhalb des Objekts zugegriffen werden kann?

9 Wichtige Funktionen verwenden

In diesem Kapitel werden Sie einige wichtige in PHP vorhandene Funktionen kennenlernen.

9.1 Funktionen zur Arraybearbeitung

Diese Funktionen werden benutzt, um die Elemente eines Arrays zu ordnen, neu zu organisieren oder zu bearbeiten. Einige Funktionen benutzen einen sog. **Zeiger.**

9.1.1 Was ist ein Arrayzeiger?

Jedes Objekt, das **mehr als ein** Datenelement beinhaltet (in unserem Fall: das Array), hat einen **Zeiger** (engl.: pointer), der auf ein bestimmtes Element zeigt. Dieser Zeiger ist mit einem Wegweiser vergleichbar, der dem Programm sagt, welches Element er auslesen soll. Alle Funktionen, die nur gerade ein Element des Arrays bearbeiten, richten sich nach dem **Arrayzeiger.**

Zu Beginn steht der Arrayzeiger auf dem ersten Element:

[9-1]   Zunächst steht der Arrayzeiger auf dem ersten Element (Beispiel)

Sobald die Funktion das erste Element abgearbeitet hat, setzt sie den Arrayzeiger um ein Element weiter:

[9-2]   Nach dem «Auslesen» des ersten Elements steht der Arrayzeiger auf dem zweiten Element

Hinweis

▷ Ist die Rede vom «aktuellen Element» eines Arrays, dann ist dasjenige gemeint, auf das der Arrayzeiger weist. Für Funktionen, die alle Elemente auslesen (z. B. `print_r()`), spielt es grundsätzlich keine Rolle, wo der Zeiger steht.

9.1.2 Arrayfunktionen

PHP bietet im Zusammenhang mit Arrays über 50 Funktionen an (wobei einige davon ähnliche oder gar gleiche Aufgaben erfüllen). Falls Sie in diesem Kapitel keine passende Funktion für Ihre Bedürfnisse finden, empfehlen wir Ihnen, das Funktionsverzeichnis der offiziellen Website des PHP-Projekts zu konsultieren.[1]

[1]   Vergleichen Sie dazu das Link-Verzeichnis am Anfang dieses Lehrmittels.

Arrays verknüpfen

Die Funktion `array` **`array_merge`**`( array Array1, array Array2 [, array ...] )` verknüpft zwei oder mehrere Arrays zu einem neuen, einzigen Array.

```
$array_eins = array("Hund", "Katze", "Kanarienvogel");
$array_zwei = array("Schildkröte", "Papagei");
$array_neu = array_merge($array_eins, $array_zwei);
print_r($array_neu);    // Array ( [0] => Hund [1] => Katze [2] => Kanarienvogel
                        // [3] => Schildkröte [4] => Papagei )
```

Arrays sortieren und umstellen

Die Funktion `void` **`sort`** `( array Array )` sortiert die Elemente eines Arrays alphabetisch aufsteigend und weist ihnen die Indizes neu zu.

```
$pflanzen = array("Eiche", "Osterglocke", "Kaktus", "Bambus");
sort($pflanzen);
print_r($pflanzen);     // Array ( [0] => Bambus [1] => Eiche [2] => Kaktus [3] => Osterglocke )
```

Die Funktion `void` **`natsort`** `( array Array )` funktioniert ähnlich wie die Funktion `sort()`, berücksichtigt aber Sortiergewohnheiten, wie sie Menschen gewohnt sind, eine 10 wird also nach einer 1 einsortiert anstatt vor.

```
$dateien = array("img12.png", "img10.png", "img2.png", "img1.png");
natsort($dateien);
print_r($dateien);      // Array ( [3] => img1.png [2] => img2.png [1] => img10.png [0] => img12.png )
```

Die Funktion `array` **`array_reverse`**`( array Array )` sortiert Arrays rückwärts.

```
$tiere = array("Hund", "Katze", "Maus");
$tiere = array_reverse($tiere);
print_r($tiere);        // Array ( [0] => Maus [1] => Katze [2] => Hund )
```

Arrayelemente zählen und summieren

Die Funktion `mixed` **`array_sum`** `( array Array )` berechnet die Summe aller Zahlen (Datentypen `int` und `float`) eines Arrays. Falls möglich, werden Strings dabei in Zahlenformate umgewandelt. Andernfalls werden sie ignoriert.

```
$zahlen = array(15, 12, 9, 56);
echo array_sum($zahlen);            // 92

$dinge = array("15", 12, "Hund", 56);
echo array_sum($dinge);             // 83
```

Die Funktion `int` **`count`**`( mixed Array/Variable)` zählt die Elemente eines Arrays (oder auch einer Variablen) und gibt die Anzahl zurück.

```
$zahlen = array(234, 34, 1, 23, 912, 51, 04, 31, 9342, 62);
echo count($zahlen);            // 10
```

Arrays auslesen

Die Funktion `array` **`each`**`( array Array )` gibt das aktuelle Wertepaar eines Arrays als neues Array zurück und setzt den Zeiger auf das nächste Element.

Dieses neue Array beinhaltet zweimal das abgefragte Wertepaar: einmal als Elemente mit den Indizes 0 und 1 und einmal als Elemente mit den Indizes `key` und `value`.

```
$hunde = array("pudel", "dackel", "labrador");
$resultat1 = each($hunde);
print_r($resultat1);              // Array ( [1] => pudel [value] => pudel [0] => 0 [key] => 0 )

$resultat2 = each($hunde);
print_r($resultat2);              // Array ( [1] => dackel [value] => dackel [0] => 1 [key] => 1 )
```

Auf diese Weise können Sie beispielsweise eine einfache Schleife generieren, die die Elemente eines Arrays ausliest:

```
$namen = array("Peter", "Hans", "Fritz", "Rolf", "Daniel");
while($ergebnis = each($namen))
{
    echo $ergebnis["value"] . "<br />";
}
```

Die Funktion mixed **pos**(array Array) gibt das aktuelle Element eines Arrays zurück, ohne den Arrayzeiger zu verändern.

```
$farben = array("rot", "gelb", "grün", "blau");
echo pos($farben);                // rot
```

Arrayzeiger manipulieren

Die Funktion mixed **next**(array Array) setzt den Zeiger um ein Element weiter und gibt diesen Wert auch gleich zurück. Falls das letzte Element erreicht ist, gibt die Funktion false zurück.

```
$farben = array("rot", "gelb", "grün", "blau");
echo next($farben)."<br />";      // gelb
echo next($farben);               // grün
```

Die Funktion mixed **prev**(array Array) setzt den Zeiger um ein Element zurück und gibt diesen Wert auch gleich zurück. Falls das erste Element erreicht ist, gibt die Funktion false zurück.

```
$farben = array("rot", "gelb", "grün", "blau");
echo next($farben)."<br />";      // gelb
echo next($farben)."<br />";      // grün

echo prev($farben)."<br />";      // gelb
echo prev($farben)."<br />";      // rot
echo prev($farben);               // FALSE (da das erste Element nun erreicht ist)
```

Die Funktion mixed **reset**(array Array) setzt den Zeiger eines Arrays auf das erste Element und gibt dieses zurück.

```
$farben = array("rot", "gelb", "grün", "blau");
echo next($farben)."<br />";      // gelb
echo next($farben)."<br />";      // grün

echo reset($farben);              // rot
```

9.2 Zeit- und Suchfunktionen

Zeit- und Datumswerte kommen in jeder Applikation vor, ebenfalls hat man immer wieder Texte, die man genauer untersuchen muss.

9.2.1 Zeit- und Datumsfunktionen

PHP kennt viele eingebaute Funktionen und Klassen zum Arbeiten mit Zeit- und Datumswerten.

Die Klasse «DateTime»

Seit PHP V5.2 können Sie objektorientiert Objekte der Klasse **DateTime** verwenden.

```
$datum = new DateTime('2014-05-18');
```

Geben Sie das gewünschte Datum am besten in folgendem Format an (PHP versteht auch andere Formate, schauen Sie einmal in der offiziellen PHP-Dokumentation nach[1]):

Nur Datum: `"yyyy-MM-dd"`, z. B. `"2014-05-18"`, 18. Mai 2014

Nur Zeit: `"hh:mm:ss"`, z. B. `"13:24"` oder `"13:24:47"`, Zeitangabe mit oder ohne Sekunden

Datum und Zeit: `"yyyy-MM-dd hh:mm:ss"`, z. B. `"2014-05-18 17:22"`

Wenn Sie keine Eingabe machen bei `new DateTime()`, bekommen Sie ein Objekt, das Zeit und Datum des Aufrufs enthält.

Mit einem so erstellten DateTime-Objekt können Sie nun verschiedenste Dinge anstellen.

Formatierte Ausgabe mit `DateTime::format()`:

```
$jetzt = new DateTime("now");
echo $jetzt->format("d. m. y") . "<br />";        // 02. 04. 14
echo $jetzt->format("d. M. y") . "<br />";        // 02. Apr. 14
echo $jetzt->format("d. F Y") . "<br />";         // 02. April 2014
echo $jetzt->format("d. F Y H:i:s") . "<br />";   // 02. April 2014 17:22:46
```

Hinweis

▷ `DateTime::format()` formatiert nur in Englisch. Wenn Sie lokalisierte Monats- und Tagesnamen wollen, müssen Sie mit `strftime()` arbeiten. Die Funktion wird gleich im Anschluss erklärt.

Die folgende Tabelle erklärt einige der wichtigsten Formatanweisungen für `Date-Time::format()`:

Format	Bedeutung	Beispiel
d	Tag, 2-stellig	14
D	Tag, abgekürzt	Sun
l (kleines L)	Tag, ausgeschrieben	Sunday
m	Monat, 2-stellig	07
M	Monat, abgekürzt	Jul
F	Monat, ausgeschrieben	July

[1] http://php.net/date.

Format	Bedeutung	Beispiel
y	Jahr, 2-stellig	14
Y	Jahr, 4-stellig	2014
H	Stunden, 2-stellig, 24-Stunden-Format	17
H	Stunden, 2-stellig, 12-Stunden-Format	05

Mit Objekten der Klasse **DateTime** können Sie auch rechnen:

```
$datetime1 = new DateTime('2010-08-11');
$datetime2 = new DateTime('2014-10-13');

$interval = $datetime1->diff($datetime2);

echo $interval->format('%a Tage') . "<br />";                    // 1 524 Tage
echo $interval->format('%y Jahre, %m Monate, %d Tage') . "<br />";   // 4 Jahre, 2 Monate, 2 Tage
```

Unix Timestamp

Viele Datums- und Zeitfunktionen benötigen als Eingabeparameter einen **Timestamp.** Ein Timestamp enthält die Anzahl Sekunden, die seit dem 1. Januar 1970[1] vergangen sind.

Einen Timestamp erhalten Sie ganz einfach:

```
$datum = new DateTime("2014-07-12 16:33:27");
$ts = $datum->getTimestamp();
```

Die Funktion time() liefert direkt einen Timestamp für den Zeitpunkt des Aufrufs.

```
$jetzt = time();
```

Internationale Formatierung von Datum und Zeit

Wenn Sie Tages- und Monatsnamen in der jeweiligen Landessprache ausgeben möchten, müssen Sie die Funktion string **strftime**(string Format [, int Timestamp]) verwenden.

Folgende **Schalter** können Sie bei diesem Format einsetzen:

Schalter	Bedeutung / Ausgabe
%d	Tag des Monats: "01" bis "31"
%m	Monat: "01" bis "12"
%y	Jahr, 2-stellig: "02"
%Y	Jahr, 4-stellig: "2002"
%a	Wochentag kurz: "Mon"
%A	Wochentag lang: "Montag"
%b	Monat kurz: "Jan"
%B	Monat lang: "Januar"
%j	Tag des Jahres: "001" bis "366"
%V	Kalenderwoche des Jahrs: "01" bis "53"
%w	Wochentag, numerisch: "0" (Sonntag) bis "6" (Samstag)
%H	Stunde: "00" bis "23"

[1] Dieses Datum ist der Zeitnullpunkt bei Unix und allen Unix-ähnlichen Betriebssystemen wie Linux oder Mac OS X.

Schalter	Bedeutung / Ausgabe
%I	Stunde: "01" bis "12"
%M	Minute: "00" bis "59"
%S	Sekunden: "00" bis "59"

Die Funktion string **setlocale**(mixed Kategorie, string Gebiet) passt Funktionen lokalen bzw. landesspezifischen Gegebenheiten an. Durch den Parameter Kategorie können Sie bestimmen, welcher Art die lokale Anpassung sein soll, beispielsweise die korrekte Darstellung der Währungseinheit oder die richtige Verwendung von Trennzeichen bei Zahlen.

```
$datum = new DateTime("2014-07-14");

setlocale(LC_ALL, "de_CH");
echo strftime("%A, %d. %B %Y", $datum->getTimestamp());    // Montag, 14. Juli 2014

setlocale(LC_ALL, "fr_CH");
echo strftime("%A, %d. %B %Y", $datum->getTimestamp());    // Lundi, 14. juillet 2014

setlocale(LC_ALL, "it_CH");
echo strftime("%A, %d. %B %Y", $datum->getTimestamp());    // Lunedì, 14. Luglio 2014
```

Zeitdaten als Array formatieren

Die Funktion array **getdate**([int Timestamp]) gibt die Zeitdaten als Array formatiert zurück. Wird kein Timestamp angegeben, so wird die aktuelle Zeit verwendet.

Folgende **Arrayelemente** stehen anschliessend zur Verfügung:

Element	Bedeutung / Ausgabe
seconds	Sekunden
minutes	Minuten
hours	Stunden
mday	Tag des Monats
wday	Numerischer Tag der Woche: "0" (Sonntag) bis "6" (Samstag)
mon	Monat als Zahl
year	Jahr als Zahl
yday	Tag des Jahres als Zahlwert: "0" bis "365"
weekday	Wochentag: "Monday" bis "Sunday"
month	Monatsname: "January" bis "December"

```
$jetzt = getdate();
echo "Heute ist " . $jetzt["weekday"];
```

Hinweis

▷ Diese Funktion liefert nur englische Bezeichnungen.

9.2.2 Suchfunktionen: reguläre Ausdrücke

Reguläre Ausdrücke[1] stellen ein System von **Suchmustern** dar und können als eigene kleine Scriptsprache betrachtet werden. Um reguläre Ausdrücke einzusetzen, müssen Sie einerseits die Funktionen kennen, die PHP bereitstellt, andererseits müssen Sie wissen, wie man solche Suchmuster «programmiert».

Wozu brauche ich reguläre Ausdrücke?

Der Einsatz regulärer Ausdrücke bietet sich überall dort an, wo es darum geht, Textmuster zu erkennen. Für die Erkennung von Textmustern reicht es nicht aus, einen bestimmten Suchbegriff zu finden (z. B. «Anton»), sondern es müssen Suchmuster definiert werden (z. B. alle Wörter, die mit dem Buchstaben A beginnen). Reguläre Ausdrücke sind z. B. immer dann sinnvoll, wenn sich ein Suchbegriff innerhalb bestimmter Grenzen verändern kann.

Beispiele

- Herausfinden, ob eine E-Mail-Adresse formal gültig ist
- Auswertung von Formularen, in denen Daten verschieden eingegeben werden können (eine URL kann z. B. mit oder ohne Protokoll [http://] eingegeben werden)
- Grossgeschriebene Wörter in einem Text ersetzen
- Zahlen in einem Text ersetzen etc.

Suchmuster gestalten

Ein Suchmuster ist ein normaler String, in dem einzelne Zeichen eine spezielle Bedeutung haben.

Um **komplexe Suchmuster** zu gestalten, können Sie folgende **Steuerzeichen** verwenden:

Steuer-zeichen	Bedeutung	Beispiele
^	Signalisiert den Anfang des Strings. Wird dieses Zeichen vorangestellt, muss das Muster am Anfang des Strings stehen.	"^Held" passt auf: «**Held**en in Strumpfhosen», nicht aber: «Er war ein **Held**.»
$	Signalisiert das Ende des Strings. Wird dieses Zeichen hintenangestellt, muss das Muster am Ende stehen, um erkannt zu werden.	"e$" passt auf: «Er war der Best**e**», nicht aber: «So soll **es** sein.»
.	Der Punkt ist ein Stellvertreter für alle Zeichen.	"." passt auf «**Guten Tag, Herr.**»
[ ]	In eckigen Klammern stehen nicht Einzelbuchstaben, sondern Klassen. Klassen beschreiben Mengen von Zeichen.	"[a-z]" passt auf alle Kleinbuchstaben: «W**as soll das**, **Peter**?» "[0-9]" passt auf Ziffern: «Er wohnt in der Nummer **13**.» "[A-Z]" passt auf alle Grossbuchstaben: «**L**ass ihn doch das **H**aus bauen, **H**ans.»
( )	Mit runden Klammern werden Gruppen gebildet.	
{ }	Mit geschweiften Klammern wird die Anzahl der Elemente bestimmt, die vorkommen dürfen. Die erste Zahl nennt die kleinste, die zweite Zahl die grösste Anzahl.	"[a-z]{1, 4}" passt auf Buchstabenfolgen, die mindestens einen und höchstens vier kleine Buchstaben haben.
?	Ein Element muss 0 oder 1 Mal vorkommen.	"[A-Z]?" bedeutet: entweder kein oder ein grosser Buchstabe.

[1] Englischer Fachausdruck: regular expressions.

Steuer-zeichen	Bedeutung	Beispiele
*	Ein Element muss 0 oder mehrere Male vor-kommen.	`"Ha(ha)*"` passt auf «**Ha**», «**Haha**», «**Hahaha**» usw. Die runde Klammer gruppiert die Zeichen ha, der Stern bezieht sich auf diese Gruppe.
+	Ein Element muss 1 Mal oder mehrere Male vorkommen.	`"Ha(ha)+"` passt auf «**Haha**», «**Hahaha**», «**Hahahaha**» usw. Die runde Klammer gruppiert die Zeichen ha, das Pluszeichen bezieht sich auf diese Gruppe.
|	Ist ein **Alternativmodifikator**[1]. Entweder das eine oder das andere.	`"Sehr geehrte(r)? ((Herr)|(Frau))"` passt auf «**Sehr geehrter Herr**», «**Sehr geehrte Frau**», aber auch auf «**Sehr geehrter Frau**»
\	Um Sonderzeichen zu suchen, muss diesen ein Backslash vorangestellt werden.	`"\?"` passt auf alle Fragezeichen.

[1] Der Alternativmodifikator erfüllt die gleiche Funktion wie eine logische OR-Verknüpfung. Entweder trifft der komplette String links neben dem Modifikator zu oder der komplette String rechts davon.

Suchmuster finden

Die Funktion `int` **`preg_match`**`( string Suchmuster, string String )` findet heraus, ob das Suchmuster im String vorhanden ist. Falls ja, gibt die Funktion 1 zurück, falls nein, eine 0.

```
// Erzeugt die Ausgabe 1, da das Suchmuster "Morgen" vorhanden ist.
echo preg_match("/Morgen/", "Guten Morgen Peter!");
```

Hinweis

▷ Das Suchmuster muss durch einen **Delimiter**[1] eingeschlossen sein. Dies können beliebige Zeichen sein, die im Suchmuster nicht vorkommen (ausser dem Backslash). Oftmals wird der Slash (/) als Delimiter eingesetzt, es kann aber auch jedes beliebige andere Zeichen sein.

Gefundene Suchmuster ersetzen

Die Funktion `mixed` **`preg_replace`**`( mixed Muster, mixed Ersatz, mixed String )` ersetzt alle gefundenen Suchmuster im String durch den Parameter Ersatz. Nachfolgend zwei Beispiele:

```
// Muster passt auf alle Wörter, die mit einem Grossbuchstaben beginnen
// und eine beliebige Anzahl Kleinbuchstaben haben
echo preg_replace("/[A-Z][a-z]*/", "*piep*", "Guten Tag meine verehrten Damen und Herren");
// Ausgabe: "Guten Tag meine ve*eh*ten Damen und He**en"
```

Wenn Sie mit runden Klammern eine Gruppe bilden, können Sie diese Gruppe im Ersatzmuster verwenden. Auf diese Weise lässt sich einfach folgendes Problem lösen. Sie haben z. B. in einer Datei eine Liste von Personen, wobei die Namen in der Reihenfolge «Vorname Nachname» stehen. Um die Liste besser sortieren zu können, möchten Sie die Einträge jedoch umstellen:

```
// Ausgabe: Meier, Hans
echo preg_replace("/^([A-Z][a-z]+).*([A-Z][a-z]+)$/", "$2, $1", "Hans Meier");
```

[1] Englischer Fachbegriff für: Begrenzer. Kennzeichnet das Ende des Suchstrings. Ohne ihn würde der nachfolgende Text ebenfalls dem Suchstring zugeordnet.

Hier werden im Muster zwei Gruppen gebildet, eine für den Vornamen und eine für den Nachnamen. Im Ersatztext kann auf diese Gruppen zugegriffen werden: $0 umfasst den gesamten Text, $1 ist die erste gefundene Gruppe, $2 die zweite etc.

9.3 Datei und Verzeichnisfunktionen

PHP bietet eine Reihe von **Datei- und Verzeichnisfunktionen** an, deren wichtigste Vertreter in diesem Kapitel kurz vorgestellt werden sollen.

9.3.1 Was ist ein Datei-Handle?

Wenn Sie mit PHP eine Datei öffnen, arbeitet das Script nicht direkt mit dieser Datei, sondern mit einer Variablen weiter. Funktionen werden also nicht auf die Datei selber angewandt, sondern auf eine Variable, die zuvor bei der Öffnung der Datei erzeugt wurde. Diese Variable nennt man ein **Datei-Handle**[1]. Die Datei selbst wird vom Betriebssystem verwaltet.

Das folgende PHP Script öffnet die Datei **text.txt,** liest eine Zeile dieser Datei aus und schliesst die Datei wieder:

```
// Öffnen der Datei
$dateihandle = fopen("text.txt", "r");

// Lesen einer Zeile
$output = fgets($dateihandle);

// Ausgabe dieser Zeile
echo $output;

// Schliessen der Datei
fclose($dateihandle);
```

Die Funktion `fopen()` wird benutzt, um die Datei zu öffnen. Der zweite Parameter definiert den Öffnungsmodus[2].

Der Rückgabewert der Funktion wird der Variablen `$dateihandle` zugewiesen. Diese Variable ist künftig das Handle der geöffneten Datei. Sie können dieses Handle beliebig benennen. PHP merkt sich, analog wie bei Arrays, die aktuelle Lese- und Schreibposition innerhalb der Datei. Man nennt diese Position File-, Read- oder Write-Pointer.

Hinweis

▷ Beachten Sie, dass als Parameter nie der Dateiname vorkommt, sondern immer der Rückgabewert der Funktion, die die Datei zuvor geöffnet hat. Überall dort, wo ein Dateiname verlangt wird, kann vor dem Namen auch ein absoluter oder relativer Pfad angegeben werden.

9.3.2 Datei-Funktionen

Im Folgenden werden die wichtigsten Funktionen dargestellt, die Sie für die Handhabung von Dateien benötigen. Die meisten dieser Funktionen setzen voraus, dass die betreffende

[1] Englisch für: Handgriff oder Ort, an dem man etwas anpacken kann.

[2] Vergleichen Sie zum Öffnungsmodus auch die detaillierte Beschreibung der Funktion im Kapitel 9.3.2, S. 115.

Datei zuvor mithilfe der Funktion `fopen()` geöffnet wurde und somit ein Handle zur Verfügung steht.

Datei öffnen

Die Funktion `int fopen( string Dateiname, string Modus )` öffnet eine Datei und gibt das Handle zurück. Über den Modus können Sie steuern, ob Sie Schreibrechte haben und ob der Pointer am Anfang oder am Ende stehen soll.

Folgende **Modi** sind verfügbar:

Modus	Beschreibung
r	Nur Lesezugriff, Pointer am Anfang der Datei.
r+	Lese- und Schreibzugriff, Pointer am Anfang der Datei.
a	Nur Schreibzugriff, Pointer am Ende der Datei. Wenn die Datei noch nicht besteht, wird versucht, die Datei zu erzeugen.
a+	Lese- und Schreibzugriff, Pointer am Ende der Datei. Wenn die Datei noch nicht besteht, wird versucht, die Datei zu erzeugen.
w	Nur Schreibzugriff. Pointer am Anfang der Datei. Inhalt der Datei wird gelöscht.
w+	Lese- und Schreibzugriff, Pointer am Anfang der Datei. Inhalt der Datei wird gelöscht.

```
$dateihandle = fopen("datei.txt", "r");
```

Datei schliessen

Die Funktion `bool fclose( int Filehandle )` schliesst eine von der Funktion `fopen()` geöffnete Datei.

```
$dateihandle = fopen("datei.txt", "r");
fclose($dateihandle);
```

Aus Datei lesen

Die Funktion `string fgets( int Filehandle [, int Ende(Byte) ] )` liest aus einer von der Funktion `fopen()` geöffneten Datei diejenige Zeile aus, in der der Pointer steht. Ausgelesen wird entweder bis zum Zeilenende oder bis zum Ende, das im zweiten Parameter definiert ist (je nachdem, welche Grenze zuerst erreicht wird).

```
$dateihandle = fopen("datei.txt", "r");
echo fgets($dateihandle, 4);        // Gibt die ersten drei Byte (= Zeichen) der ersten Zeile aus.
fclose($dateihandle);
```

Hinweis

▷ Der Wert, der als Ende definiert wird, ist nicht letztes Zeichen, sondern gibt an, bis **vor** welches Zeichen gelesen wird. Wenn Sie als Parameter 5 angeben, werden von dieser Funktion nur die ersten vier Zeichen gelesen.

Die Funktion `int readfile( string Dateiname )` sendet eine Datei direkt an den Ausgabe-Puffer[1]. Als Rückgabewert wird die Grösse der gelieferten Daten in Bytes erzeugt. Als Parameter wird ein String mit der Datei verlangt.

---

[1] Reservierter Speicherbereich (hier üblicherweise durch den Browser verwaltet), in dem die Ausgabedaten vorübergehend abgelegt werden, bis sie am Bildschirm angezeigt werden können, was meist direkt anschliessend geschieht.

```
readfile("text.txt");
// Die Datei text.txt wird am Browser ausgegeben.
```

Hinweis

▷ Diese Funktion benötigt keinen Pointer; die Datei muss also nicht zuerst mithilfe der Funktion `fopen()` geöffnet werden.

In Datei schreiben

Die Funktion int **fputs**(int Filehandle, string String [, int Länge]) schreibt einen String in eine Datei, in die der Pointer zeigt.

```
$dateihandle = fopen("datei.txt", "a+");
echo fputs($dateihandle, "Hallo");
// Schreibt Hallo in die Datei. Weil hier a+ als Modus gewählt wurde, steht der Pointer am Schluss der Datei.
// Folglich wird der String am Schluss der Datei angehängt.
fclose($dateihandle);
```

Hinweis

▷ Wird hier eine Länge definiert, so wird der String nur bis zu dieser Länge hineingeschrieben.

Datei kopieren

Die Funktion int **copy**(string Quelle, string Ziel) kopiert eine Datei. Der Rückgabewert ist je nach Erfolg der Aktion 0 oder 1.

```
$datei = "text.txt";
copy($datei, "neuedatei.txt");
```

Existenz einer Datei überprüfen

Die Funktion bool **file_exists**(string Dateiname) überprüft, ob eine Datei existiert. Falls ja, wird true zurückgegeben, ansonsten false.

```
$dateiname = "text.txt";
// Die Funktion ist gleich in eine kleine Verzweigung eingebaut
if(file_exists($dateiname))
{
    echo "Datei $dateiname existiert.";
}
```

Grösse einer Datei ermitteln

Die Funktion int **filesize**(string Dateiname) gibt die Grösse einer Datei in Bytes zurück. Falls die Datei nicht existiert, gibt diese die Funktion false zurück.

```
echo filesize("text.txt");        // Output in diesem Fall: 30 (Byte)
```

Grösse des freien Speichers eines Verzeichnisses bzw. Laufwerks ermitteln

Die Funktion float **disk_free_space**(string Verzeichnis) ermittelt den freien Speicherplatz eines Verzeichnisses bzw. des zugehörigen Laufwerks in Bytes.

```
// Kleines Script zum Berechnen des freien Speicherplatzes in MB:
$space_bytes = disk_free_space("/");
$space_mb = round($space_bytes/(1024*1024),1);
echo "Freier Platz auf $verz : $space_mb MB";
```

Datei in Array überführen

Die Funktion `array` **`file`**`( string Dateiname )` liest eine ganze Datei in ein Array. Jede neue Zeile der Datei entspricht danach einem Element des Arrays.

```php
$filearray = file("text.txt");
echo $filearray[0];                    // Gibt die erste Zeile der Datei aus.
```

9.3.3   Verzeichnisfunktionen

Neben dem Umgang mit Dateien erlaubt PHP auch die Anzeige und Bearbeitung von Verzeichnissen. Dazu wird die vorgefertigte Klasse **Directory** verwendet. Diese Klasse verfügt über drei Methoden: `read`, `rewind` und `close`.

Bevor Sie Klassen verwenden können, müssen Sie zuerst eine **Instanz** zu erzeugen. Dies geschieht für Objekte der Klasse **Directory** durch den Funktionsaufruf `Directory dir( string $directory )` .

```php
// Verzeichnis, das geöffnet werden soll. In diesem Fall das aktuelle Verzeichnis, in dem die Scriptdatei liegt.
$verzeichnis = "./";

// "Öffnen" des Verzeichnisses. Durch diesen Aufruf wird ein Objekt der Klasse "Directory" erzeugt.
// Dieses ist im weiteren Verlauf über $v ansprechbar.
$v = dir($verzeichnis);

// Hier wird eine Methode auf das Objekt angewendet. Anweisung: Lies den ersten Eintrag des Verzeichnisses.
echo $v->read();

// Zwei Zeilensprünge
echo "<br /><br />";

// Hier wird der Pointer wieder zurückgestellt. Bei Beginn steht er immer auf dem ersten Element.
$v->rewind();

// Hier noch eine Anwendung zur Auslesung eines ganzen Verzeichnisses
while($output = $v->read())
{
    echo "$output<br />";
}

// Hier wird der Speicher, den das Objekt benutzt, wieder freigegeben.
$v->close();
```

Als Output dieses PHP Script erhalten Sie eine Liste der Elemente in Ihrem Verzeichnis.

Die nachfolgend beschriebenen Funktionen erleichtern Ihnen die Arbeit und den Umgang mit Verzeichnissen.

Feststellen, ob es sich um ein Verzeichnis handelt

Die Funktion `bool` **`is_dir`**`( string Pfad )` gibt `true` zurück, falls es sich um ein Verzeichnis handelt, ansonsten `false`.

```php
if(is_dir($pfad))
{
    echo "$pfad ist ein Verzeichnis.";
}
```

Feststellen, ob es sich um eine Datei handelt

Die Funktion `bool` **`is_file`**`( string Pfad )` prüft, ob es sich um eine Datei handelt. Falls ja, wird `true` zurückgegeben, falls nein, entsprechend `false`.

```
if(is_file($pfad))
{
    echo "$pfad ist eine Datei.";
}
```

Verzeichnis neu erstellen

Die Funktion int **mkdir**(string Verzeichnisname/Pfad, int Modus) versucht, ein neues Verzeichnis zu erzeugen. Einem neu erstellten Verzeichnis werden die als Modus definierten Zugriffsrechte zugewiesen (Schreib-, Lese- bzw. Ausführungsrechte).

Diese Zugriffsrechte basieren bei PHP auf dem **UNIX-Rechtesystem,** das folgende **Benutzergruppen** unterscheidet:

* Eigentümer
* Gruppenmitglieder
* Andere Benutzer

Jedem dieser Benutzergruppen können folgende **Bits** zugewiesen werden:

* Schreiben (Bit 0 gesetzt)
* Lesen (Bit 1 gesetzt)
* Ausführen (Bit 2 gesetzt)

Die Bits haben einen entsprechenden Stellenwert: Bit 0 → Wert 1, Bit 1 → Wert 2, Bit 2 → Wert 4. Wenn Schreiben und Lesen erlaubt sein soll, müssen die beiden entsprechenden Bits gesetzt sein. Addiert man ihre Stellenwerte, ergibt sich 1 + 2 = 3. Hat jemand das Recht, etwas zu lesen und auszuführen, so entspricht dies dem Wert 6 (2 + 4 = 6). Jemand, der eine Datei nur lesen darf, erhält den Wert 2. Jemand, der alle Rechte hat (schreiben, lesen und ausführen), erhält den Wert 7 (4 + 2 + 1).

Die entsprechenden Werte werden in der Reihenfolge Eigentümer, Gruppenmitglieder und andere Benutzer als 3-stellige Ziffernfolge geschrieben. Die erste Zahl symbolisiert also die Zugriffsrechte des Eigentümers der Datei, die zweite Zahl entsprechend die Rechte der Gruppenmitglieder etc. Zusätzlich wird eine Null vorangestellt, die den Modus als Oktalzahl kennzeichnet. Im folgenden Beispiel hat der Besitzer der Datei alle Rechte (1 + 2 + 4 = 7), alle Mitglieder derselben Gruppe ebenfalls (mittlere 7) und alle anderen dürfen nur lesen und ausführen (1 + 4 = 5):

```
mkdir("./neues_verzeichnis", 0775);
```

Eigenschaften (Zugriffsrechte) einer Datei bzw. eines Verzeichnisses ändern

Die Funktion int **chmod**(string Pfad, int Modus) ändert die Zugriffsrechte einer Datei oder eines Verzeichnisses. Vergleichen Sie zum Parameter Modus den Abschnitt «Verzeichnis neu erstellen», S. 119.

```
chmod("text.txt", 0760);
```

Hinweis

▷ Ob und in welchem Mass Zugriffsrechte von Dateien und Verzeichnissen geändert werden können, ist vom Betriebssystem und von der Konfiguration des Webservers abhängig.

Namen einer Datei bzw. eines Verzeichnisses ändern

Die Funktion `bool` **`rename`**`( string Alter Name, string Neuer Name )` versucht, eine Datei oder ein Verzeichnis umzubenennen. Bei Erfolg wird `true` zurückgegeben, bei Misserfolg `false`.

```
rename("text.txt", "text2.txt");
```

Datei löschen

Die Funktion `int` **`unlink`**`( string Dateiname )` versucht, die als Parameter gesetzte Datei zu löschen.

```
unlink("text.txt");
```

Verzeichnis löschen

Die Funktion `bool` **`rmdir`**`( string Verzeichnisname/Pfad )` versucht, das als Parameter gesetzte Verzeichnis zu löschen.

```
rmdir("unterverzeichnis");
```

9.4 Sitzungsverwaltung und Cookies

Cookies benötigen Sie oftmals bei der **Sitzungsverwaltung.** In diesem Kapitel werden Sie sehen, wie in PHP **Sitzungen** und **Cookies** verwendet werden. Eine einfache Sitzungsverwaltung lässt sich zwar einfach mit Cookies realisieren, aber für eine effektive Sitzungsverwaltung gibt es in PHP einen eigenen Mechanismus.

9.4.1 Cookies setzen

Um ein Cookie zu setzen, also auf dem Computer des Besuchers zu speichern, können Sie die Funktion `bool` **`setcookie`**`( string Name [, string Wert [, int Termin]])` verwenden. Diese Funktion verlangt zwingend nach einem Namen. Unter diesem Namen ist der Inhalt später auch auf jeder Seite des Webservers abrufbar (Sie können keine Cookies eines fremden Webservers auslesen). Der Wert entspricht dem Inhalt und ist optional. Wenn Sie allerdings keinen Wert setzen, wird das Cookie mit dem Namen, den Sie angeben, überschrieben. Der Parameter Termin definiert, wie lange das Cookie gültig ist, bevor es vom Browser gelöscht wird. Wenn Sie hier keinen Wert eingeben, dann bleibt das Cookie eine Session lang gültig, d.h. so lange, bis der Benutzer den Browser wieder schliesst. Wenn Sie eine negative Zahl als Parameter Termin angeben, wird das Cookie gelöscht. Als Wert des Parameters Termin wird ein sog. **«Timestamp»**[1] verlangt.

Eine **relative Zeitangabe,** also eine Zeitangabe, die vom jetzigen Zeitpunkt als Startpunkt ausgeht, formulieren Sie so:

```
time() + x            // x steht für eine bestimmte Anzahl Sekunden.
```

Ein Cookie mit dem Namen «autologin» und dem Wert «1», das eine Stunde lang gültig ist, setzen Sie wie folgt:

```
setcookie("autologin", 1, time()+3600);
```

[1] Vergleichen Sie dazu den Abschnitt «Unix Timestamp», S. 111.

Wenn Sie als Ablauftermin für ein Cookie ein bestimmtes Datum festlegen möchten, können Sie anstelle der relativen Zeitangabe `time() + 3600` die Funktion `mktime()` verwenden.

```
setcookie("autologin", 1, mktime(0,0,0,12,31,2020));     // Cookie, das bis zum 31. Dezember 2020 gültig ist.
```

Hinweis

▷ Mehr über Zeitfunktionen erfahren Sie in Kapitel 9.2.1, S. 110. Da die Funktion zum Cookies-Setzen im Header einer Seite spielt, darf oberhalb dieses Befehls noch kein HTML-Code in der Seite vorgekommen sein.

9.4.2 Cookies lesen

Bei bestimmten Browsern können Sie die gespeicherten Cookies einsehen. In Firefox können Sie unter dem Menü «Einstellungen • Datenschutz & Sicherheit • Individuelle Cookies verwalten» nachschauen. Dort treffen Sie das folgende Bild an:

[9-3] Gesetzte Cookies können in manchen Browsern eingesehen werden (Beispiel: Mozilla Firefox 22)

Mithilfe des Arrays `$_COOKIE`, in dem die Cookie-Werte assoziativ gespeichert sind, können Sie den Wert auf jeder beliebigen Seite desselben Servers, die der Besucher mit dem Cookie besucht, auslesen.

```
echo $_COOKIE['autologin'];
```

Die entsprechende Bildschirmausgabe lautet:

```
1
```

9.4.3 Cookies löschen

Wenn Sie dieses Cookie nun löschen wollen, können Sie das wie folgt machen:

```
setcookie("autologin");                    // Hier wird nur der Inhalt überschrieben.
setcookie("autologin", "");                // Hier ebenfalls
setcookie("autologin", "", time()-10);     // Hier wird das ganze Cookie gelöscht.
```

9.4.4   Sessions verwenden

Eine Session können Sie starten, indem Sie am Anfang Ihres Script die Funktion session_start() aufrufen. Auf diese Funktion hin wird eine Session gestartet oder weitergeführt, falls schon eine existiert.

Um Variablen mit der Session zu verknüpfen, können Sie das Array $_SESSION verwenden. Ein Beispiel:

```
session_start();
$_SESSION["Codezahl"] = 245;
```

PHP setzt automatisch ein Cookie. Allerdings werden Sie die Codezahl 245 darin nicht entdecken. Der Wert für Codezahl ist nämlich auf dem Webserver gespeichert, die Zahl im Session-Cookie ist quasi nur die Adresse.

In einer zweiten Seite können Sie die vorher gesetzte Session-Variable wieder auslesen. Die Funktion session_start() ist dabei notwendig, damit der Server weiss, dass die Session weitergehen soll. Er erkennt sie dann automatisch am Session-Cookie, das auf dem Computer des Besuchers vorhanden ist.

```
session_start();
echo $_SESSION["Codezahl"];
```

Die Ausgabe dieser Datei lautet:

```
245
```

Wenn Sie nun den Browser schliessen, wieder öffnen und die letzte Datei laden, werden Sie feststellen, dass die Session «lost»[1] ist. Die Session-Variable hat keinen Inhalt mehr. Sie bleibt also nur so lange bestehen, wie der Browser geöffnet ist. Eine Session geht auch dann verloren, wenn eine bestimmte Zeit lang keine Eingaben getätigt wurden. Diese Zeitdauer ist in der Datei **php.ini** festgelegt[2] (standardmässig 24 Minuten).

Neben den bereits genannten Funktionen können Sie bei Sessions eine Reihe weiterer Funktionen einsetzen. Die wichtigsten werden nachfolgend kurz vorgestellt.

9.4.5   Session starten

Die Funktion bool session_start(void) «initialisiert» (startet) eine Session. Falls beim Aufruf keine Session besteht, wird eine neue aufgebaut. Besteht bereits eine Session, so wird diese weitergeführt.

```
session_start();
```

Hinweis

▷ Weil diese Funktion Cookies verwendet, muss sie aufgerufen werden, bevor Sie HTML-Code an den Browser senden.

[1] Englisch für: verloren.

[2] Schlüssel session.gc_maxlifetime.

9.4.6 Session-Parameter definieren

Die Funktion string **session_name**([string Name]) liefert als Rückgabewert den Namen der aktuellen Session zurück. Mithilfe des Parameters können Sie der Session einen individuellen Namen geben.

PHP benennt Sessions standardmässig PHPSESSID. Dieser Name erscheint auch als Name des Session-Cookies. Wollen Sie mehrere verschiedene Sessions starten, können Sie diese Funktion einsetzen. Sie wird vor der Funktion session_start() eingesetzt.

```php
// Setzen des neuen Session-Namens
session_name("MEINE_SESSION");
// Starten der Session
session_start();

// Abfragen des Session-Namens
echo session_name();
// Output: "MEINE_SESSION"
```

Die Funktion string **session_id**([string ID]) liefert als Rückgabewert die Session-ID[1]. Mit dem Parameter können Sie eigene Session-IDs setzen. PHP generiert ansonsten zu jeder Session eine eigene ID.

```php
// Setzen der neuen Session-ID
session_id("123abc");
// Starten der Session
session_start();

// Abfragen der Session-ID
echo session_id();
// Output: "123abc"
```

9.4.7 Session beenden

Die Funktion bool **session_destroy**(void) «zerstört» (beendet) die aktuelle Session. Dabei wird veranlasst, dass die Cookies und Session-Variablen auf dem Server gelöscht werden. Diese Funktion verlangt keine Parameter.

Sie können sämtliche Session-Daten wie folgt löschen:

```php
// Initialisieren der Session
session_start();

// Löschen aller Session-Variablen (durch Überschreiben mit einem leeren Array)
$_SESSION = array();

// Definitives Löschen der Session
session_destroy();
```

9.5 Datenbankfunktionen

Neben der Möglichkeit, Daten in regulären Dateien zu speichern, besteht auch die Möglichkeit, **Daten in (relationalen) Datenbanken abzulegen.**

Es gibt eine beachtliche Menge von Datenbanksystemen auf dem Markt. PHP kann eine grosse Anzahl davon **nativ**[2], d. h. direkt, ansprechen. Sollte einmal keine Unterstützung

---

[1] Abkürzung für: Session-Identifikationsnummer.

[2] Lateinischer Begriff für: angeboren, natürlich.

für eine Datenbank existieren, ist es sehr wahrscheinlich, dass diese Datenbank über die **ODBC**[1]**-Schnittstelle** von PHP angesprochen werden kann.

PHP besitzt **Funktionsbibliotheken** zur direkten Kommunikation mit weitverbreiteten Datenbank-Produkten wie z. B.:

- MySQL™
- Microsoft SQL™
- Oracle™
- Postgre SQL™
- Sybase™
- Informix™

In diesem Lehrmittel wird mit MySQL[2] gearbeitet, da dieses Datenbankmanagementsystem für nichtkommerzielle Zwecke kostenlos einsetzbar ist und eine grosse Verbreitung geniesst.

9.5.1   Wie spreche ich Datenbanken mit PHP an?

Damit eine **Datenbankabfrage** stattfinden kann, muss eine Datenbank vorhanden sein. In unserem Fall seien die Datenbank und eine Tabelle mit Daten bereits vorgegeben.

Beispiel

```
Datenbank: phpmodul

Tabelle: telefonliste
+----+---------+-----------+---------------+---------------+
| id | name    | vorname   | telefon       | mobile        |
+----+---------+-----------+---------------+---------------+
|  1 | Müller  | Hans      | 098 453 34 34 | 075 223 34 23 |
|  2 | Müller  | Peter     | 057 233 23 12 | 074 764 75 34 |
|  3 | Sauber  | Annabelle | 013 456 78 02 | 075 092 02 20 |
+----+---------+-----------+---------------+---------------+
```

Um eine MySQL-Datenbank mit PHP anzusprechen, gibt es drei Möglichkeiten: die «alten» bisherigen Funktionen, die mit `mysql_` beginnen, neue verbesserte Versionen dieser Funktionen (ihre Bezeichnungen beginnen mit `mysqli_`) und einen generischen objektorientierten Mechanismus (PDO, PHP Data Objects). Die erste Variante ist in den aktuellen PHP-Versionen als **deprecated**[3] bezeichnet und sollte daher nicht mehr verwendet werden. Da wir uns in diesem Lehrmittel auf die prozedurale Programmierung mit PHP beschränken, werden wir die neuen `mysqli_*`-Funktionen einsetzen.

Die **Datenbankabfrage** erfolgt in PHP grundsätzlich in folgenden **Schritten:**

- Verbindung zur Datenbank herstellen
- Daten auswählen, die man haben möchte[4]
- Ausgewählte Daten auslesen
- Verbindung zur Datenbank schliessen

[1]   Abkürzung für: Open Database Connectivity. Englisch für: offene Datenbank-Verbindung.

[2]   Die Abkürzung SQL steht für: Structured Query Language.

[3]   Englisch für: missbilligt, nicht mehr gewünscht.

[4]   Dies geschieht mithilfe der SQL-Sprache (durch Senden einer SQL-Anfrage an den Server).

Hinweis

▷ Der dritte Schritt entfällt, wenn Daten gelöscht, verändert oder gespeichert werden.

Nachfolgend werden die einzelnen Schritte näher erklärt.

Schritt 1: Verbindung zur Datenbank herstellen

Zunächst wird mit der Funktion `mysqli_connect()` die Verbindung zum Datenbankserver hergestellt:

```
$host = "localhost";
$user = "root";
$pass = "root";
$dbname = "Verwaltung";

$db = mysqli_connect($host, $user, $pass, $dbname);
```

Mithilfe einer kleinen Abfrage wird sogleich überprüft, ob die Verbindung zustande gekommen ist. Die Funktion `die()`[1] bricht das ganze Script ab und gibt die Meldung aus, die als Parameter definiert wurde.

Damit in solch einem Fall nicht auch noch eine Fehlermeldung angezeigt wird, können Sie den **Fehlerkontrolloperator** `@` vor die Funktion setzen:

```
$host = "localhost";
$user = "root";
$pass = "root";
$dbname = "Verwaltung";

$db = @mysqli_connect($host, $user, $pass, $dbname);
if($db == false)
{
    die("Es konnte keine Verbindung hergestellt werden.);
}
```

Mithilfe des **Unterscheidungsoperators** `or` kann die Verbindungsaufnahme wie folgt abgekürzt werden:

```
$host = "localhost";
$user = "root";
$pass = "root";
$dbname = "Verwaltung";

$db = @mysqli_connect($host, $user, $pass, $dbname)
    or die("Es konnte keine Verbindung hergestellt werden. Fehler ");
```

Nun besteht eine Verbindung zum Datenbankserver, die während des Script beliebig genutzt werden kann.

Um die Verbindungsaufnahme nicht in jede Datei neu eingeben zu müssen, wird dieser Teil üblicherweise in eine separate Datei ausgelagert und bei Gebrauch eingebunden. Angenommen, Sie speichern den obigen Code in einer Datei **dbconnect.inc.php**[2], können Sie diese Datei wie folgt in andere Dateien einbinden:

```
require("dbconnect.inc.php");
```

[1] Englisch für: stirb! Im übertragenen Sinn: Das Programm wird sofort beendet, es stirbt.

[2] inc steht für include (engl. für: einbinden). Sie können beliebige Namen wählen; die Endung **.inc.php** ist nicht zwingend.

Hinweis

▷ Beachten Sie zur Funktion `require()` das Kapitel 9.6.1, S. 129.

In den nachfolgenden Beispielen wird die Verbindung immer mithilfe einer solchen einge-bundenen Datei realisiert.

In der Beispieldatei **dbconnect.inc.php** (Zeile 19) wird die Datenbankabfrage mithilfe von Zugangsdaten realisiert, die an einer anderen Stelle im Script als Werte in einem assoziati-ven Array definiert worden sind:

```
...
// Datenbankverbindung aufbauen ...
$db = @mysqli_connect(
        $config["db_host"], $config["db_username"], $config["db_password"], $config["db_name"])

// Oder eine Fehlermeldung ausgeben
    or die($config["db_fehler_kommentar"]);
```

Schritt 2: Daten mit SQL-Abfragen auswählen

Nun soll der gewünschte Datensatz bzw. sollen die gewünschten Datensätze ausgewählt werden. Die geschieht mithilfe von **SQL-Queries**[1].

Im folgenden Beispiel werden alle Datensätze der Tabelle «Telefonliste» ausgewählt, die den Vornamen «Peter» haben.

```
// Verbindung zum DB-Server
require("dbconnect.inc.php");

// Absetzen der SQL-Query
$abfrage = mysqli_query($db, "SELECT * FROM telefonliste WHERE vorname = 'Peter'");
```

Als Resultat der Datenauswahl mit der Funktion `mysqli_query()` haben Sie nun eine Vari-able `$abfrage` (den Namen können Sie frei auswählen). Diese Variable beinhaltet noch nicht konkrete Daten, sondern ist lediglich ein Zeiger auf die ausgewählten Daten.

Diesen Sachverhalt können Sie sich etwa wie folgt vorstellen: In einem Möbelhaus bezah-len Sie ein Sofa und erhalten an der Kasse einen nummerierten Zettel. Mit diesem müssen Sie zuerst in ein anderes Gebäude gehen, wo Sie das inzwischen bereitgestellte Sofa gegen den Zettel eintauschen können. Die Variable `$abfrage` stellt also einen nummerierten Zet-tel dar, mit dem Sie die effektiven Daten abholen können. Dieser Schritt wird im nächsten Kapitel näher beschrieben.

Schritt 3: Ausgewählte Daten auslesen

Nun wollen Sie die Daten, auf die der Zeiger verweist, auslesen. Wenn Sie mehr als einen Datensatz auslesen möchten (z. B. alle Datensätze mit dem Namen Müller) oder nicht wis-sen, wie viele Datensätze vorhanden sind (was meist der Fall sein wird), ist es ratsam, den Auslesevorgang mit einer Schleife zu wiederholen. Das folgende Script wiederholt den Auslesevorgang so lange, bis alle gewünschten Datensätze ausgelesen sind.

Die Funktion array **mysqli_fetch_array** (resource $result) liefert den jeweils nächsten Datensatz als assoziatives Array:

---

[1] Englisch für: SQL-Abfragen.

```
require("dbconnect.inc.php");

$abfrage = mysqli_query($db, "SELECT * FROM telefonliste WHERE name = 'Müller'");

while($resultat = mysqli_fetch_array($abfrage))
{
    $vorname = $resultat["vorname"];
    $name = $resultat["name"];
    $tel = $resultat["telefon"];
    $mob = $resultat["mobile"];

    echo "$vorname $name, Telefon: $tel, Mobile: $mob<br />";
}
```

Sie erhalten folgenden Output:

```
Hans Müller, Telefon: 098 453 34 34, Mobile: 075 223 34 23
Peter Müller, Telefon: 057 233 23 12, Mobile: 074 764 75 34
```

Mit der Funktion int **mysqli_num_rows** (resource $result) können Sie feststellen, wie viele Resultate zurückgeliefert wurden:

```
require("dbconnect.inc.php");

$abfrage = mysqli_query($db, "SELECT * FROM telefonliste WHERE name = 'Müller'");

$anzahl = mysqli_num_rows($abfrage);

if ($anzahl > 100)
{
    echo "Zuviele Datensätze gefunden (" . $anzahl . "). Nur die ersten 100 werden anzeigt.";
}
$zaehler = 0;
while ($zaehler < 100 && ($datensatz = mysqli_fetch_array($abfrage)) )
{
    $zaehler++;
    // Anzeige des Datensatzes
}
```

Schritt 4: Verbindung schliessen

Der letzte Schritt besteht darin, die Datenbankverbindung wieder zu schliessen. Dies wird mithilfe der Funktion bool **mysqli_close** ([resource $link_identifier = NULL]) erreicht:

```
...
mysqli_close($db);
```

Hinweis

▷ Als Parameter wird das Handle verwendet, das Sie zu Beginn bei der Funktion mysqli_connect() definiert haben. Zu einer vollständigen und korrekten Programmierung gehört es, dass einmal geöffnete Ressourcen auch wieder geschlossen werden. Trotzdem ist es kein Unglück, wenn Sie dies einmal vergessen; PHP schliesst Datenbankverbindungen am Ende des Script jeweils automatisch wieder.

9.5.2   Datenbankeinträge bearbeiten

Wenn ein neuer Datensatz eingefügt oder ein bestehender Datensatz geändert werden soll, weicht das Vorgehen leicht vom oben vorgestellten Ablauf ab. Verbindungsaufbau und -abbau bleiben gleich, deshalb werden diese Schritte hier nicht noch einmal im Detail vorgestellt.

Datenbankeintrag einfügen

Wenn Sie einen neuen Datensatz in eine Tabelle der Datenbank einfügen möchten, müssen die einzufügenden Daten vor dem Zugriff bereits **als Variablen** vorliegen. Danach setzen Sie eine ganz normale SQL-Query an die Datenbank ab:

```php
require("dbconnect.inc.php");

$name = "Fröbe";
$vorname = "Gert";
$tel = "014 343 02 82";
$mob = "071 934 76 55";

$sql = "INSERT INTO telefonliste (name, vorname, telefon, mobile)";
$sql .= " VALUES ('$name','$vorname','$tel','$mob')";

$addrecord = mysqli_query($db, $sql);

if($addrecord == false)
{
    echo "Eintrag konnte nicht hinzugefügt werden!";
}
mysqli_close($db);
```

Um die Lesbarkeit des Codes zu verbessern, wird das SQL-Statement vorab in der Variablen `$sql` zusammengesetzt.

Datenbankeintrag ändern

Wenn Sie einen bestehenden Datensatz ändern möchten, funktioniert dies ebenfalls mit dem entsprechenden SQL-Query. Allerdings muss der **Primärschlüssel** des Eintrags bekannt sein, der geändert werden soll.

```php
require("dbconnect.inc.php");

$name = "Fröbe";
$vorname = "Gert";
$tel = "014 343 02 82";
$mob = "071 934 76 55";

$statement = "UPDATE telefonliste SET ";
$sql .= " name = '$name', vorname = '$vorname', telefon = '$tel', mobile = '$mob' ":
$sql .= " WHERE id = 1";
$editrecord = mysqli_query($db, $sql);

if($editrecord == false)
{
    echo "Eintrag konnte nicht verändert werden!";
}
mysqli_close($db);
```

9.5.3   Weitere Datenbankfunktionen

Datenbankfehlernummer anzeigen

Die Funktion string **mysqli_errno**([resource Verbindungshandle]) gibt den numerischen Fehlercode der letzten MySQL-Funktion zurück. Falls kein Fehler aufgetreten ist, wird ein 0 zurückgegeben.

Datenbankfehlermeldung anzeigen

Die Funktion `string` **`mysqli_error`**`( [resource Verbindungshandle ] )` gibt die Fehlermeldung der letzten MySQL-Funktion zurück. Falls kein Fehler aufgetreten ist, wird ein leerer String zurückgegeben.

Datenbank wechseln

Mit der Funktion `bool` **`mysqli_select_db`**`([resource Verbindungshandle ] , string $dbname )` können Sie bei einer bestehenden Verbindung die Datenbank wechseln. Es wird empfohlen, diese Funktion nur bei bestehenden Verbindungen einzusetzen, die initiale Datenbank sollten Sie mit dem vierten Parameter gleich beim Aufruf der Funktion `mysqli_connect()` setzen.

9.6 Weitere interessante PHP-Funktionen

PHP bietet eine grosse Auswahl von Funktionen für unzählige Einsatzgebiete. Viele wichtige Funktionen haben Sie bereits kennengelernt. Eine weitere Auswahl praktischer Funktionen wird in diesem Kapitel vorgestellt. Für zusätzliche Funktionen beachten Sie bitte die «offizielle» Website des PHP-Projekts.[1]

9.6.1 Strukturfunktionen

Wie Sie im Kapitel 9.5, S. 123 bereits gesehen haben, wird der Code für den Aufbau der Datenbankverbindung in einer separaten Datei abgespeichert. Da es immer derselbe Code ist, macht ein solches Vorgehen auch Sinn: Sie sparen Zeit und Arbeit und wenn sich das Passwort der Datenbank einmal ändert, müssen Sie es nur an einer Stelle anpassen.

Ein wichtiger Bestandteil **modularer Programmierung**[2] ist die Auslagerung häufig benutzter Programmteile: Je grösser ein Projekt ist, desto stärker ist es modularisiert, d. h. aufgeteilt. Bei modernen dynamischen Webseiten wird praktisch jedes wiederkehrende Element einer Webseite (z. B. Header[3], Footer[4], Navigation) mithilfe **struktureller Funktionen**[5] in einer einzigen Datei zusammengefasst. So können Sie den Aufbau der Webseite bei Bedarf sehr bequem an einem zentralen Ort ändern.

Um eine Datei mit wiederkehrenden Elementen einzubinden, stehen bei PHP folgende **Strukturfunktionen** zur Verfügung:

- Die Funktionen `require( string Dateiname )` und `require_once( string Dateiname )` binden eine andere Datei in die aktuelle Datei ein. Die Strukturen, die in der anderen Datei definiert wurden, sind dann unterhalb des Aufrufs der Funktion auch in der aktuellen Datei verfügbar. Ist die Datei, die eingebunden werden soll, nicht vorhanden, wird eine Fehlermeldung ausgegeben und das Script nicht weiterverarbeitet.

---

[1] Vergleichen Sie dazu das Link-Verzeichnis auf S. 10.

[2] Die modulare Programmierung zielt darauf ab, Applikationen in kleine, zentral verwaltete Funktionsdateien aufzuspalten. Diese können Sie überall einbinden und somit Änderungen viel leichter vornehmen, weil Sie nur die eine Datei anpassen müssen.

[3] Englisch für: Überschrift, Kopfzeile. Oberster Bereich einer Webseite, der auf allen Seiten gleich aussieht.

[4] Englisch für: Fusszeile. Unterster Bereich einer Webseite (üblicherweise mit Copyrighthinweisen und dem letzten Änderungsdatum etc.).

[5] Strukturelle Funktionen ermöglichen die Einbindung fremder Programmteile in eine Datei. Sie helfen, Scripts durch Auslagerung häufig benötigter Teile zu strukturieren.

Mit der Funktion `require_once()` wird eine bereits eingebundene Datei nicht noch ein weiteres Mal eingebunden.

```
require("meine_datei.inc.php");

// oder
require_once("meine_datei.inc.php")
```

* Die Funktionen `include( string Dateiname )` und `include_once( string Dateiname )` binden eine andere Datei in die aktuelle Datei ein. Die Strukturen, die in der anderen Datei definiert wurden, sind dann unterhalb des Aufrufs der Funktion auch in der aktuellen Datei verfügbar. Ist die Datei, die eingebunden werden soll, nicht vorhanden, wird eine Warnung ausgegeben, das Script aber weiterverarbeitet. Analog oben bindet die Variante `include_once()` eine bereits eingebundene Datei nicht noch einmal ein.

9.6.2   Mailfunktion

Die Mailfunktion erlaubt es, von PHP aus E-Mails zu versenden. Bei Linux steht diese Funktion automatisch zur Verfügung, wenn das System korrekt installiert und eingestellt ist, unter Windows muss PHP zuerst entsprechend konfiguriert werden. Öffnen Sie dazu die Datei **php.ini,** die Sie im PHP-Programm- oder Windows-Systemverzeichnis finden, und suchen Sie nach folgendem Schlüssel:

```
[mail function]
; For Win32 only.
SMTP =
```

Bei **SMTP**[1] müssen Sie nun Ihren Mailserver angeben. Das kann unter Windows eine spezielle Mail-Software oder aber die URL Ihres Providers sein, bei dem Sie mit dem Internet verbunden sind. Wenn Sie als **ISP**[2] z. B. Bluewin gewählt haben, müssten Sie hier folgende Einstellung vornehmen (setzen Sie den entsprechenden Benutzernamen und das Passwort ein):

```
SMTP = smtpauth.bluewin.ch
smtp_port = 587
username = BENUTZERNAME
password = PASSWORT
```

Danach rufen Sie die Funktion `bool` **`mail`**`( string Empfänger, string Betreff, string Message [, string additional_headers ] )` auf und definieren als Parameter den oder die Empfänger, die Betreffzeile, den E-Mail-Text (die Message) und ggf. weitere Informationen. Beachten Sie, dass Sie den Zeilenumbruch in der Message mit dem Sonderzeichen `\n` realisieren.

---

[1] Abkürzung für: Simple Mail Transfer Protocol. Englisch für: Einfaches E-Mailübertragungsprotokoll. Regelt den Ablauf, wie eine E-Mail vom Client zum Server gesandt wird.

[2] Abkürzung für: Internet Service Provider.

```
$to = "empfaenger@server.tld";
$subject = "Testmail";

$message = "Guten Tag\n";
$message .= "dies ist eine automatisch\n";
$message .= "versendete Mail.\n";

$header = "From: Absender <absender@server.tld>\n";
$header .= "Content-Type: text/plain; charset=ISO-8859-1\n";
$header .= "Content-Transfer-Encoding: 8bit\n";

mail($to, $subject, $message, $header);
```

Das obige Script liefert folgendes Ergebnis:

[9-4]   So sieht das entsprechende Mail direkt aus PHP aus (Beispiel)

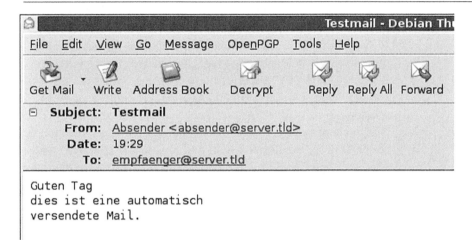

Hinweis

▷ Diese Mailfunktion versendet ein E-Mail an den entsprechenden Empfänger. Nötig ist allerdings die richtige Konfiguration des SMTP-Servers in der Datei **php.ini**.

9.6.3   Zufallsfunktionen

Für die Erzeugung von Zufallszahlen bietet PHP spezielle «Zufallsfunktionen».

Die Funktion int **mt_rand**([int Mindestwert, int Höchstwert]) erzeugt eine Zufallszahl im Bereich des definierten Mindest- und Höchstwerts.

```
// "Ziehung" einer Zufallszahl zwischen 1 und 6 (inkl. 1 und 6)
$zufallszahl = mt_rand(1, 6);
echo $zufallszahl;
```

Hinweis

▷ Wird kein Parameter angegeben, so wird eine Zufallszahl gezogen, die zwischen 0 und der höchstmöglichen Zufallszahl des Betriebssystems liegt. Die höchstmögliche Zahl des Betriebssystems können Sie mithilfe der Funktion mt_getrandmax() ermitteln.

Die Funktion int **mt_getrandmax**(void) gibt die höchstmögliche Zufallszahl im Rahmen des verwendeten Betriebssystems zurück.

```
echo mt_getrandmax();
```

Hinweis

▷   Die höchstmögliche Zufallszahl variiert, weil jedes Betriebssystem unterschiedliche Mechanismen für die Berechnung von Zufallszahlen bereitstellt.

9.6.4   Datei uploaden

Der **Upload**[1] einer Datei kann für bestimmte Web-Applikationen wichtig sein. Mit dieser Technik können Sie z. B. Bildgalerien realisieren, bei denen der Benutzer selbstständig Bilder einstellen kann.

In PHP wird eine Datei mithilfe eines HTML-Formulars temporär auf den Server geladen und steht in der aufgerufenen Folgeseite des HTML-Formulars für die weitere Bearbeitung zur Verfügung. Die Datei kann nun z. B. in ein Verzeichnis kopiert werden.

Hinweis

▷   Verzeichnisse, die als Upload-Ordner dienen, müssen meist so angepasst werden, dass das PHP Script Schreibrechte hat. Dies können Sie mithilfe eines FTP-Clients realisieren. Bei den meisten FTP-Browsern erreichen Sie, wenn Sie auf eine Datei auf dem Server rechts klicken, ein Kontextmenü, wo Sie die Zugriffsrechte manipulieren können. Meist müssen Sie dazu auf «Eigenschaften» klicken, bei gewissen FTP-Clients ist auch gleich der entsprechende UNIX-Befehl anwählbar: `chmod`. Ändern Sie nun die Schreibrechte des Verzeichnisses so, dass jeder Zugriff hat. Sie müssen also alle «write»-Checkboxes anwählen oder, falls Ihre FTP-Software nur numerische Werte akzeptiert, den Wert 766 setzen.

Das HTML-Formular für den Upload sollte mindestens folgende Felder beinhalten:

```
<form enctype="multipart/form-data" action="ziel" method="post">
  <input type="hidden" name="MAX_FILE_SIZE" value="10000">
  <input type="file" name="datei" >
  <input type="submit" name="send" value="Datei abschicken!">
</form>
```

Das Feld `MAX_FILE_SIZE` definiert zwar die maximale Grösse der Datei, stellt aber nur eine Empfehlung an die Browser dar, und Sie können sich nicht darauf verlassen, dass diese Empfehlung auch wirklich befolgt wird.

In der Zieldatei stehen die Daten des Uploads dann im assoziativen Array `$_FILES` zur Verfügung:

```
// Der ursprüngliche Name der Datei
echo $_FILES['datei']['name'];
// 'datei' ist der Name, den Sie bei <input type="file" name='datei' ... gegeben haben.

// Die Grösse der Datei
$_FILES['datei']['size'];

// Der temporäre Name der Datei
$_FILES['datei']['tmp_name'];
```

Nachdem das Formular abgeschickt wurde und sich die Datei als temporäre Datei auf dem Server befindet, können Sie sie wie folgt abfangen und weiterverarbeiten:

---

[1]   Unter «upload» wird das Kopieren einer Datei vom eigenen Computer auf einen Server (in diesem Fall Webserver) verstanden (hochladen).

```
if (is_uploaded_file($_FILES['datei']['tmp_name']))
{
    move_uploaded_file($_FILES['datei']['tmp_name'], "zielpfad");
}
else
{
    echo "Achtung: Mögliche File-Upload-Attacke:<br />";
    echo $_FILES['datei']['name'];
}
```

Hinweis

▷ Die Funktion `is_uploaded_file()` stellt fest, ob die als Parameter angegebene Datei wirklich gerade erst hochgeladen wurde.

Im Gegensatz zu Variablen bestehen **Arrays aus verschiedenen Elementen.** Aus diesem Grund ist es notwendig, ein zusätzliches, internes Orientierungssystem bereitzustellen, um auf einzelne Elemente hinweisen zu können. Diese Rolle wird durch den **Arrayzeiger** (auch: Pointer) übernommen. Diesen kann man sich wie einen Wegweiser vorstellen, der immer auf das aktuelle Element des Arrays zeigt.

Entsprechend vielfältig ist das Angebot an Funktionen, die den **Pointer vor- oder zurückverschieben** können.

Weiter existieren viele Funktionen, die die **Reihenfolge oder Anordnung einzelner Arrayelemente verändern** können: Vorwärts sortieren, rückwärts sortieren, alphabetisch sortieren sind nur einige Aufgaben, die durch diese Funktionen erfüllt werden.

Wie alle modernen Programmiersprachen unterstützt auch PHP **reguläre Ausdrücke.** Hierbei handelt es sich um ein Mustererkennungssystem, eine Art individuell gestaltbare Suchfunktion. PHP stellt die üblichen Funktionen zur Verfügung, mit denen Sie **nach bestimmten Suchmustern suchen** und **gefundene Suchmuster ersetzen oder zurückgeben** können.

In PHP gibt es verschiedene **Daten- und Zeitfunktionen,** um aktuell Datum und Zeit festzustellen und Daten und Zeitwerte in unterschiedlichen Formaten auszugeben und umzuwandeln. Sie können dabei auch internationale Formatierungen vornehmen und einem Benutzer ein Datum in seiner Sprache anzeigen (z. B. Wochentage und Monatsnamen, aber auch Formatierungen wie 12.8.2014 resp. 8/12/2014).

PHP stellt Funktionen zur Verfügung, mit denen Sie **Dateien und Verzeichnisse manipulieren** können.

Wenn Sie eine Datei bearbeiten möchten, müssen Sie diese zuerst mit der Funktion `fopen()` öffnen. Hierbei wird die betreffende Datei in den Speicher geschrieben. Der Rückgabewert der Funktion, das **Datei-Handle,** beinhaltet die Speicheradresse der Datei und wird im weiteren Script eingesetzt, um auf die Datei zuzugreifen.

Nun stehen Ihnen zahlreiche Funktionen zur Verfügung, um die geöffnete Datei zu **lesen,** zu **verändern,** zu **speichern** oder zu **löschen.** Am Ende der Bearbeitung wird die Datei mithilfe der Funktion `fclose()` wieder geschlossen. So wird der Speicher, in dem die Datei abgelegt war, wieder freigegeben.

Für die Handhabung von Verzeichnissen stellt PHP die Klasse **Directory** zur Verfügung. Um ein Verzeichnis zu öffnen, erstellt man mit der Funktion `dir()` eine Instanz der Klasse **Directory** mit dem **Verzeichnispfad als Parameter.** Danach können Sie das betreffende Verzeichnis mithilfe verschiedenster Funktionen bearbeiten. Am Ende wird die Instanz wieder zerstört, um den Speicher freizugeben.

Cookies werden mit der Funktion `setcookie()` gesetzt. Danach steht der **Inhalt des Cookies** auf allen Webseiten desselben Servers **als Array** zur Verfügung.

Beim Start einer **Session** wird ein Cookie gesetzt, an dem der Besucher identifizierbar ist. Dieses Cookie beinhaltet allerdings nur einen **Identifikations-String,** mit dem der Besucher vom Webserver erkannt werden kann. Sämtliche Daten, die mit diesem Besucher verknüpft werden, werden auf dem **Server** abgelegt und sind deshalb vor Manipulation geschützt. Sie können beim Programmieren einfach auf diese verknüpften Daten zugreifen; ähnlich den Systemvariablen oder Cookie-Daten stehen sie auf jeder Webseite als Array zur Verfügung, können also von jedem beliebigen Teil des Programms aus abgerufen werden.

PHP unterstützt eine Vielzahl gängiger Datenbanken nativ, d. h. von Haus aus **mit speziell zugeschnittenen Funktionen.** Andere Datenbanken unterstützt PHP **mittels ODBC-Schnittstelle.** Aufgrund ihrer grossen Verbreitung wird hier die offene Datenbank MySQL eingesetzt, die von PHP mit zahlreichen Funktionen unterstützt wird.

Der **Zugriff auf die Daten einer Datenbank** erfolgt bei PHP grundsätzlich in folgenden Schritten:

- **Verbindung zur Datenbank herstellen**
- **Daten mit SQL-Queries auswählen**
- **Ausgewählte Daten auslesen**
- **Verbindung schliessen**

Mit der Mailfunktion `mail()` ist es möglich, von einem korrekt konfigurierten Webserver aus E-Mails zu versenden. Diese Funktion kann z. B. eingesetzt werden, um ein **automatisches Benachrichtigungssystem** aufzubauen.

Zufallszahlen werden in PHP mit der Zufallsfunktion `mt_rand()` erzeugt. In den älteren PHP-Versionen muss diese Funktion zuvor mit `mt_srand( int Startwert )` initialisiert werden.

Dateien (z. B. Bilder), die durch ein HTML-Formular hochgeladen werden **(File-Upload),** stehen in PHP im Array `$_FILES` zur Verfügung und können von dort aus weiterverarbeitet werden.

Repetitionsfragen

39 Beschreiben Sie stichwortartig, wie Sie in PHP die Zeitdifferenz zwischen zwei Terminen berechnen.

40 Welche Ausgabe erzeugt folgende PHP-Anweisung? Notieren Sie, wie die Bildschirm-ausgabe vermutlich aussehen wird:

```
setlocale(LC_TIME, "French");
echo strftime("Er wird dort \"%A\" genannt");
```

41 Beschreiben Sie in drei, vier Sätzen den Hauptnutzen des Auslagerns von Programmteilen mit den Funktionen `include()` und `require()`.

42 Welchen Wert müssen Sie in der PHP-Initialisierungsdatei beim Schlüssel SMTP angeben, damit Sie auf einem Windows-System E-Mails versenden können? Nennen Sie die beiden Möglichkeiten.

43 Wie lange bleibt ein Cookie gültig, wenn Sie kein Ablaufdatum angeben? Antworten Sie in einem kurzen Satz.

44 Bei welchen Gelegenheiten kann eine Session beendet werden?

45 Nennen Sie stichwortartig zwei, drei Beispiele von Einsatzgebieten für reguläre Ausdrücke.

46 Finden Sie heraus, ob folgende Suchmuster in den nachstehenden Strings gefunden wer-den oder nicht, und markieren Sie die allfälligen Fundstellen.

```
$muster1 = "12{2,4}";
$string1 = "Er sah 122222 Autos";

$muster2 = "(Herr|Frau) Doktor";
$string2 = "Guten Tag Herr Doktor";

$muster3 = "([A-Z]{1}[a-z]{4,})";
$string3 = "Gestern waren sie noch in Bassersdorf.";

$muster4 = "[A-Za-z]{10,12}";
$string4 = "Herrgott, Karin, es liegen mehr als 39 Äpfel herum";
```

47 Beschreiben Sie in ein bis zwei Sätzen die Aufgabe eines Datei-Handles.

48 Was bedeutet es, wenn ein Verzeichnis das Zugriffsrecht 0722 hat? Erklären Sie den Umstand in wenigen Sätzen anhand des zugrunde liegenden Unix-Rechtesystems.

49 Erläutern Sie in wenigen Sätzen, wann Sie bei Web-Applikationen Datenbanken einsetzen.

50 Wie erfolgt der Zugriff von PHP auf die Daten einer Datenbank? Zählen Sie die vier Schritte auf.

51   Warum erhält man beim folgenden Codeausschnitt kein brauchbares Resultat, sondern nur die seltsame Ausgabe «resource id #1»? Begründen Sie diesen Umstand in zwei bis drei Sätzen.

```
require("dbconnect.inc.php");

$abfrage = mysqli_query($db, "SELECT * FROM telefonliste");

echo $abfrage;
```

52   Erstellen Sie eine Query, die aus der folgenden Tabelle alle Datensätze auswählt, die als Vornamen «Rolf» beinhalten.

```
Tabelle: telefonliste
+----+---------+----------+---------------+---------------+
| id | name    | vorname  | telefon       | mobile        |
+----+---------+----------+---------------+---------------+
|  1 | Müller  | Hans     | 098 453 34 34 | 075 223 34 23 |
|  2 | Müller  | Peter    | 057 233 23 12 | 074 764 75 34 |
|  3 | Sauber  | Rolf     | 013 456 78 02 | 075 092 02 20 |
+----+---------+----------+---------------+---------------+
```

10 Wie mache ich eine PHP-Web-Applikation sicher?

Eine Web-Applikation ist grundsätzlich anfällig auf Störungen vom Internet her. Schliesslich kann prinzipiell die ganze Welt auf Ihre Applikation zugreifen. Da müssen Sie immer damit rechnen, dass der eine oder andere Zugriff einen böswilligen Hintergrund hat. Zudem machen Benutzer manchmal Fehler und können so ungültige Daten übermitteln. Sie müssen also eine Web-Applikation besonders sicher gestalten. Verschiedene Dinge sind hier zu berücksichtigen.

10.1 Was kann bei Benutzereingaben falsch sein?

Sie haben bereits gesehen, dass **Dateneingaben** validiert werden müssen. Es gibt verschiedene Probleme, die hierbei auftreten können:

- Ungültiger Wert, z. B. 31. Februar
- Zu kurzer oder zu langer Wert (Feld ist leer oder ein Text ist länger als erlaubt)
- Ungültige Zeichen, die die Weiterverarbeitung stören (z. B. Einschleusen von ausführbarem Code)
- Ungültiges Format, z. B. 13-30 anstatt 13:30 für eine Uhrzeit

In der Folge werden einige Szenarien falscher Eingaben vorgestellt. Sie lernen, wie sie diese entdecken und verhindern können. Wir betrachten dabei lediglich serverseitige Mechanismen, da auf der Seite des Clients mit PHP keine Massnahmen getroffen werden können.

In den folgenden Beispielen wird davon ausgegangen, dass ein Datum «eingabe» mit einem Formular übertragen wurde. Es wird im Script also im globalen Array `$_POST` bereitgehalten.

10.1.1 Fehlende Eingabedaten überprüfen

Für bestimmte Zwecke ist es zwingend notwendig, dass eine Eingabe vorhanden ist. Dies kann der Fall sein, wenn die Daten in eine Datenbank geschrieben werden sollen, wobei es sich um zwingende Felder handelt. Die Eingabe soll also zurückgewiesen werden, wenn die **Eingabevariable leer** ist. Diese Abfrage lässt sich sowohl mit einer Funktion als auch mit einem Operator bewerkstelligen:

```php
if(empty($_POST["eingabe"])) {
  // Zurückweisen
} else {
  // Verarbeiten
}
```

Mit dem Negationsoperator «!» können Sie die Abfrage logisch umkehren:

```php
if(!empty($_POST["eingabe"])) {
  // Verarbeiten
}
```

Natürlich lässt sich auch mit Standardoperatoren überprüfen, ob eine Variable leer ist, hier muss allerdings je nach Datentyp unterschieden werden. Für Strings lautet die Abfrage:

```php
if($_POST["eingabe"] != "") {
  // Verarbeiten
}
```

Für Integers oder Floating Point Numbers lautet die Abfrage korrekterweise so:

```
if($_POST["eingabe"] != 0) {
    // ...
}
```

10.1.2 Eingaben auf falschen Datentyp prüfen

Für gewisse Werte wird ein bestimmter Datentyp erwartet, z. B. eine ganze Zahl (Integer). Da PHP im Umgang mit Datentypen nicht sehr strikt ist, reagiert es in solchen Fällen sehr grosszügig und produziert keine Fehler oder Warnungen. Gibt man einen solchen Wert an ein anderes System weiter (z. B. an eine Datenbank), können plötzlich unerwartete Verhalten auftreten. Deshalb ist ein strikter, konsequenter Umgang mit Datentypen sehr zu empfehlen.

PHP bietet eine Reihe von Funktionen, die **Variablen auf den Datentyp prüfen.** Als Argument wird eine Variable angegeben. Entspricht die Variable dem erwarteten Datentyp, ist der Rückgabewert `true`, sonst `false`. Folgendes Codestück prüft, ob die übergebene Variable ein Integer ist.

```
if(is_int($_POST["eingabe"])) {
    // ...
}
```

Weitere Funktionen für andere Datentypen:

Funktion	Beschreibung
`is_array`	Prüft, ob Variable ein Array ist
`is_bool`	Prüft, ob eine Variable vom Typ `bool` ist
`is_float`	Prüft, ob eine Variable vom Typ `float` ist
`is_int`	Prüft, ob eine Variable vom Typ `int` ist
`is_integer`	Alias von `is_int()`
`is_numeric`	Prüft, ob eine Variable eine Zahl oder ein numerischer String ist
`is_object`	Prüft, ob eine Variable vom Typ `object` ist
`is_string`	Prüft, ob Variable vom Typ `string` ist

10.1.3 Eingaben auf falsche Form überprüfen

Gewisse Eingaben möchte man in spezieller Form haben, damit die Weiterverarbeitung erleichtert wird. Ein Beispiel wäre ein Datum, das bei der Eingabe stets die Form «TT.MM.JJJJ» haben muss, weil man es zur datenbankkompatiblen Form «JJJJ-MM-TT» umwandeln möchte. Die Form einer Eingabe kann man auf verschiedene Arten prüfen.

Hier sind einige beispielhaft vorgestellt:

Soll die **Länge der Eingabe kontrolliert** werden, bedient man sich der Funktion `strlen()`, die die Länge eines Strings zurückgibt. Dies kann sinnvoll sein, wenn ein Datenfeld in der Länge beschränkt ist.

```
if(strlen($_POST["eingabe"]) > 10) {
    // ...
}
```

Mit der Funktion `strpos()` wird geprüft, ob ein Zeichen (im Beispiel ein Punkt) im Eingabe-string vorkommt.

```
if(strpos($_POST["eingabe"], ".")) {
  // ...
}
```

Die beste Art, um die Form von Eingaben zu überprüfen, ist **Mustererkennung mit regulären Ausdrücken.** Lesen Sie dazu das Kapitel 9.2.2, S. 113. Für die Datumseingabe könnte eine Abfrage so aussehen:

```
if(preg_match ("/[0-9]{2}\.[0-9]{2}\.[0-9]{4}/", $_POST["eingabe"] ))
{
  // ...
}
```

In diesem Fall wäre allerdings zu überlegen, ob die Eingabe im HTML-Formular nicht mittels Auswahlfelder (Pulldownmenüs) für Tag, Monat und Jahr realisiert werden soll, um falsche Eingaben auszuschliessen. Der aufgeführte reguläre Ausdruck kann «82.44.8634» nicht als ungültiges Datum erkennen!

10.1.4   Eingaben mit Steuerzeichen «entschärfen»

Manchmal geben Benutzer bewusst oder unbewusst Zeichen ein, die im System als Steu-erzeichen gelten und den Programmfluss manipulieren können. Da PHP auch Strings aus-wertet, kann ein falsches Zeichen den Ablauf des Script stören oder unterbrechen.

Beispiel

Jemand gibt als Geldwert in einer Anwendung die Zahl «1'000» ein. Darin kommt ein Hochkomma vor, das in PHP verwendet wird, um Strings zu begrenzen. Wird nun die Variable mit diesem Wert irgendwo im Script ein-gesetzt, ist der String für PHP bereits nach der «1» wieder abgeschlossen und die folgenden Zeichen werden Fehler verursachen.

Folgende anzeigbare Zeichen gelten als **Steuerzeichen:**

```
"  '  \
```

Eingaben sollten nie ungeprüft weiterverarbeitet oder weitergeleitet werden (z. B. an eine Datenbank). Exploits[1] wie die sog. «SQL-Injection» machen sich z. B. genau den Umstand zunutze, dass Scripts Eingaben ungefiltert an Datenbanken weiterleiten. Man behandelt Sonderzeichen, indem man ihnen einen Backslash voranstellt. Dieses Vorgehen ist auch als «Escapen von Sonderzeichen» bekannt. In PHP gibt es spezielle Funktionen, die die Behandlung von Sonderzeichen übernehmen. Mit

```
$behandelte_eingabe = addslashes($_POST["eingabe"]);
```

fügen Sie Backslashes vor jedem Sonderzeichen hinzu. Die Eingabe von oben würde nun so aussehen: 1\'000. Eine solcherart behandelte Eingabe kann nun ohne Probleme als Argument einer Datenbankabfrage verwendet werden. Um vor der Weiterverarbeitung die Backslashes wieder loszuwerden, verwenden Sie die Umkehrfunktion:

```
$urspruengliche_eingabe = stripslashes($behandelte_eingabe);
```

[1]   Englisch für: unfaires Ausnutzen einer Schwachstelle.

Hinweis

▷ Es gibt in PHP eine Systemdirektive namens `magic_quote_gpc`[1], die – sofern in `php.ini` aktiviert – verursacht, dass sämtliche übergebenen Parameter automatisch mit Backslashes versehen werden. Falls diese aktiviert ist, ist es theoretisch nicht mehr nötig, Parametereingaben diesbezüglich zu behandeln.

Für Variablen, die in SQL-Statements weiterverwendet werden, ist die Funktion `mysqli_real_escape_string()` zu verwenden:

```
$behandelte_eingabe = mysqli_real_escape_string($db, $_POST["eingabe"]);
```

10.1.5 Benutzereingaben clientseitig überprüfen

Benutzereingaben können sowohl auf Serverseite, wie im letzten Kapitel vorgestellt, als auch auf Clientseite validiert werden. Lesen Sie hierzu noch einmal das Kapitel 3.1, S. 33.

Im Client werden Formularelemente mit JavaScript-Anweisungen auf Korrektheit überprüft. Nachfolgend sehen Sie ein Beispiel einer clientseitigen Formularprüfung auf der Datei **login.html** der VerwaltungsNews-Applikation:

```
...
  <head>
    <meta http-equiv="Content-Type" content="text/html; charset=iso-8859-1" />
    <title>Verwaltungsnews Administration Login</title>

    <script type="text/javascript">
      function pruefen () {

        if (document.formular.name.value == "") {
          alert("Bitte einen Namen eingeben!");
          document.formular.name.focus();
          return false;
        }

        if (document.formular.pass.value == "") {
          alert("Bitte ein Passwort eingeben!");
          document.formular.pass.focus();
          return false;
        }
        return true;        // wir kommen nur hierher, wenn alles okay ist
      }
    </script>
  </head>

  <body>
    <h3>Verwaltungslogin</h3>

    <form name="formular" action="process_login.php" method="POST" onsubmit="return pruefen()">
      Name: <input type="text" name="name" /><br />
      Passwort: <input type="password" name="pass" /><br />
      <input type="submit" value="Absenden!">
    </form>
  </body>
..
```

Die hier eingesetzte JavaScript-Funktion `pruefen()` überprüft, ob die Eingabefelder «name» oder «pass» beim Absenden **leer** sind. Falls dies der Fall ist, wird ein Alarmdialog mit der Fehlermeldung erzeugt (`alert(...)`), der Cursor auf das entsprechende Feld

[1] gpc steht für «GET, POST, COOKIE».

gesetzt (`...focus()`) und die weitere Verarbeitung des Formulars abgebrochen (`return false`).

10.2 Wie mache ich Web-Applikationen generell sicher?

Nicht nur die Eingaben müssen Sie genau prüfen, sondern auch grundsätzlich sicherstellen, dass Ihre Web-Applikation und der Server abgesichert und gegen Angriffe geschützt sind. Grundsatz: Sicherheit soll möglichst nicht stören.

10.2.1 Serverdienst sicher einrichten

Bevor Sie sich an Ihren Programmen versuchen, sollten Sie allerdings zunächst den PHP-Dienst «sicher» machen. Durch die Apache-Servererweiterung **SuPHP**[1] können Sie den PHP-Dienst im Sicherheitskontext des jeweiligen Webbenutzers laufen lassen. Alle Probleme, die aus Verwirrungen mit Verzeichnis- und Dateirechten entstehen, werden Sie so auf einen Schlag los. Sie sollten diese Erweiterung auf jeden Fall installieren oder, falls Sie nicht die Hoheit über den Server besitzen, sie installieren lassen. Für weitere Ratschläge zur sicheren Installation des PHP-Moduls beachten Sie bitte auch die Dokumentation von PHP.

Weiter gibt es in PHP eine Reihe von Programmiererleichterungen, die möglicherweise aus Kompatibilitätsgründen noch aktiviert sind. Eine davon ist die sog. «Register Globals»-Einstellung. Damit werden GET- und POST-Parameter als normale Variablen registriert. Dadurch, dass Sie damit quasi jede Variable im Script mit URL-Parametern beschreiben können, ist es ein beachtliches Sicherheitsrisiko, diese Einstellung eingeschaltet zu lassen. Schalten Sie sie unbedingt aus, indem Sie in der Konfigurationsdatei **php.ini** den entsprechenden Schlüssel mit dem Wert `off` besetzen:

```
register_globals = Off
```

10.2.2 Fehlermeldungen unterdrücken und selbst verwalten

Eine mögliche Schwachstelle eines Script ist die Art und Weise, wie es auf Fehler oder Falscheingaben reagiert. Erscheint als Fehlermeldung für den Benutzer eine zu ausführliche Meldung oder gar eine PHP-Fehlermeldung, die auf die Art der verwendeten Funktion hinweist, kann dies einem möglichen Angreifer wertvolle Hinweise über die Beschaffenheit und den Zustand des Systems geben. Darüber hinaus wirken allzu technische Fehlermeldungen für normale Benutzer auch befremdlich. Sorgen Sie also dafür, dass Ihre Programme fehlerfrei funktionieren. Fangen Sie Fehler selber ab, statt sie von PHP behandeln zu lassen.

Zur Laufzeit des Programms können diverse Fehlerarten auftreten. Zwei weit verbreitete Fehlerarten werden im Folgenden kurz erläutert.

[1] Abkürzung für: Switch User PHP. Vergleichen Sie dazu: www.suphp.org.

Fehler aufgrund einer für die Funktion unerwarteten Situation

Diese Fehler entstehen, wenn man eine Funktion zwar mit korrekten Werten aufruft, die Daten aber nicht mehr mit der realen Situation übereinstimmen, wie in folgendem Beispiel:

```
// Datei wird zeilenweise in das Array $namen abgefüllt.
$namen = file("adressliste.txt");
```

Dieser Aufruf funktioniert bestens, solange eine Datei adressliste.txt existiert. Ist dies nicht der Fall, erzeugt die Funktion eine Fehlermeldung, da eine unerwartete Situation eingetreten ist (Datei nicht vorhanden):

```
No such file or directory in ./.../file.php on line x
```

So eine Meldung dürfen Sie nie ausgeben. Erstens ist sie für den Benutzer nicht relevant, die wenigsten Benutzer werden die Meldung korrekt verstehen; und zweitens enthält sie für einen Hacker viel Informationen über die eingesetzte Programmierumgebung. Mit dem Fehlerunterdrückungsoperator @ könnte eine solche Fehlermeldung verhindert werden:

```
$namen = @file("adressliste.txt");
```

Besser wäre es aber, zu prüfen, ob diese Datei überhaupt existiert:

```
// Falls Datei vorhanden ...
if(is_file("adressliste.txt")) {
// Datei wird zeilenweise in das Array $namen abgefüllt
  $namen = file("adressliste.txt");
}
else {
// Wie wollen Sie jetzt weitermachen? Sie haben ein Problem hier.
}
```

Fehler aufgrund falscher Datentypen bzw. Variablen ohne Werte

Solche Fehler können verhindert werden, indem man benötigte Variablen stets vor Gebrauch initialisiert. Stellen Sie sich folgenden Code vor, der dem obigen, unkorrigierten Aufruf folgt.

```
// Elementweises Auslesen des Arrays
while($zeile = each($namen))
{
 // ...
```

Ist nun diese Datei nicht vorhanden, wird auch das Array nicht beschrieben und es entsteht folgende Warnung:

```
Warning: Variable passed to each() is not an array or object in ./.../file.php on line y
```

Schon wieder eine interessante Fehlermeldung für einen Hacker!

Dies können Sie verhindern, indem Sie sicherstellen, dass die hier verwendete Funktion bereits als Array initialisiert wird. Zu diesem Zweck stellen Sie den entsprechenden Codezeilen folgende Initialisierungssequenz voran:

```
// Array initialisieren
$namen = array();
```

10.2.3 Unsachgemässe Verwendung von Scripts verhindern

Ein weiteres Problem sind Scripts, die aufgrund «schwachen» Designs zweckentfremdet werden können (z. B. Cross Site Scripting). Ein bekanntes und berüchtigtes Beispiel sind Mailformularscripts, die als Argument gleichzeitig die Empfängeradresse übernehmen:

```
$empfaenger = $_POST["empfaenger"];
$text = $_POST[ "text"];
$betreff = $_POST["betreff"];
$absender = $_POST["absender"];

mail($empfaenger, $betreff, $text, "From: $absender");
```

Es ist offensichtlich, dass dieses Script von jedem Absender im ganzen Internet als Mailversender verwendet werden kann. Dazu richtet man auf einem beliebigen Computer ein Formular ein und gibt als Ziel die Adresse dieses Script ein. Man kann nun anonym Mails versenden. Mit nur wenig Geschick lassen sich so veritable anonyme Massenmailer einrichten.

Das Problem lässt sich auf Betreiberseite wie folgt vermeiden:

Sie prüfen, ob es sich bei der aufrufenden Seite um eine autorisierte Domain handelt:

```
$sender = "";
if(isset($_SERVER["HTTP_REFERER"]))
{
  $sender = $_SERVER["HTTP_REFERER"];
}
if(preg_match("/$servername/", $sender)==0)
{
  die($fehlermeldung);
}
```

Hinweis

▷ Dies ist kein 100%iger Schutz, da der Referer grundsätzlich manipulierbar ist.

Sie schreiben das Script so um, dass der Empfänger nicht mehr als Parameter übertragen wird, sondern auf eine andere Art eingesetzt wird. Er kann z. B. fest einprogrammiert sein oder aus einer Datei oder Datenbank übernommen werden.

Versetzen Sie sich in eine andere Person und stellen Sie sich folgende Frage: «Welche Teile der Web-Applikation könnte ich zweckentfremden?» Lassen Sie auch Ihnen bekannte Personen nach Schwachstellen suchen.

10.2.4 Applikationen sicher entwerfen

Auch das kluge Design der Software hilft mit, das Schadenspotenzial zu verringern. Es gibt beispielsweise gewisse Funktionsgruppen, die besonders gefährlich bzw. anfällig auf Missbrauch sind. Dies sind z. B. Funktionen zur Dateimanipulation oder solche zum Aufruf von Systemfunktionen:

```
$zieldatei = $_GET["zieldatei"];
unlink($zieldatei);
```

Hier wird der übergebene Parameter direkt verwendet, um das Ziel einer Löschaktion anzuzeigen. Eine sehr unkluge Variante, da ein Angreifer leicht neue Pfadinformationen übergeben kann und so (je nach Konfiguration des Servers) unter Umständen wichtige Systemdaten des Servers, sicher aber die Dateien der Web-Applikation löschen kann.

Eine sicherere Variante wäre z. B., die zur Löschung bereitstehenden Dateien in einem Pull-downmenü darzubieten. Bei Auswahl eines Eintrags würde dann z. B. eine Identifikationsnummer übertragen, die mit einer der Dateien korrespondierte, die vorher in einer Liste zusammengestellt wurden. Ein solcher Entwurf ist schon viel sicherer, da ein Angreifer nur die Identifikationsnummer verändern könnte. Weil aber lediglich die zum Löschen freigegebenen Dateien überhaupt adressiert wurden, kommt er gar nicht in die Lage, eine andere Datei löschen zu können. Indem man sich bereits beim Entwurf einer Applikation solche potenziellen Fallgruben überlegt und diese dann auch vermeidet, erreicht man praktisch automatisch eine sicherere Applikation.

Generell gilt, dass ein Programm stets nur so sicher sein kann wie der unsicherste Teil desselben. Es hilft beispielsweise nicht viel, Passwortabfragen via SSL zu machen und einen angemeldeten User bei jedem Aufruf mehrmals auf verschiedenste Arten zu testen, wenn die Passwörter des Systems in der Datenbank in Klartext abgelegt sind und dort von verschiedensten Personen mit DB-Zugriff eingesehen werden können. Oder ein ausgeklügeltes Sicherheitssystem für ein Dokumentenmanagement zu haben, und diese Dokumente sind dann aber einfach in einem Verzeichnis abgelegt, auf das jeder zugreifen kann, wenn er denn nur die Dateinamen der Dokumente weiss.

[10-1]   Sicheres Design von Applikationen

Überprüfen Sie jede Routine, Funktion, Objektmethode und Datei Ihrer Applikation anhand folgender Fragen, um **mögliche Schwachstellen** zu finden:

* Sind die Eingaben bzw. Parameter gegen falsche Typen und Werte behandelt? Können Variablen innerhalb der Funktion von aussen beeinflusst werden?
* Wird eine Eingabe direkt auf kritische Funktionen (System-, Datei- oder Datenbankfunktionen) weitergeleitet?
* Können Routine, Funktion, Methode, Datei auch in einem anderen Kontext ausgeführt werden? Möglicherweise in einem unvorteilhaften? Was passiert, wenn man sie von einem anderen System aus anspricht?
* Sind gespeicherte Daten auch sicher, wenn jemand anstatt über die Applikation zu gehen, diese auf alternativem Weg betrachtet (z. B. Passwörter in Textdateien)?
* Für sicherheitsrelevante Applikationen auf Rechtebasis: Welches ist der kleinstmögliche Aufwand, den man theoretisch betreiben müsste, um an einen besseren Benutzerlevel zu gelangen? Falls dies mit vertretbarem Aufwand möglich ist, muss die Architektur überdacht werden.

10.2.5 Fehleingaben durch geschicktes Design der Benutzeroberfläche vermeiden

Ein weiterer Faktor, der für die Sicherheit verantwortlich sein kann, ist das Design des sog. **User Interface,** also die **Benutzeroberfläche.** Obwohl Webprogrammierer technisch gesehen weniger Freiheiten bei der Gestaltung geniessen als Programmierer von «konventionellen» Applikationen, können Sie zumindest durch die geschickte Wahl von Bedienelementen bei Formularen die Sicherheit Ihrer Scripts weiter erhöhen. Frei nach Murphys Gesetz «Alles, was schiefgehen kann, wird auch schiefgehen!» erhöht die Anzahl der Auswahlmöglichkeiten auch die Anzahl Fehlermöglichkeiten. Deshalb ist es häufig sinnvoll, durch die Wahl entsprechender Formularelemente die Auswahlmöglichkeiten für den Benutzer einzuschränken.

Beispiel

In einer Web-Applikation wird nach dem Geburtsdatum des Benutzers gefragt. Der erste Gedanke ist, dieses Datum mit einem Textfeld zu erfassen:

Geburtsdatum: [   ] Format: TT.MM.JJJJ

Damit das Datum aber das gewünschte Format hat, versieht man das Feld mit Formatanweisungen für den Benutzer und muss die Eingabe aufwendig filtern und je nachdem auch zurückweisen. Hier können Sie sich überlegen, wie Sie die Wahlmöglichkeiten des Benutzers einschränken können, ohne dass die Datenerfassung darunter leidet. Dadurch, dass es beim Geburtsdatum nur eine begrenzte Anzahl Auswahlmöglichkeiten gibt, können Sie diesen Teil des Formulars leicht mittels einzelner Pulldownmenüs realisieren:

Geburtsdatum: Tag [01 ▼] Monat [Januar ▼] Jahr [1906 ▼]

Bei Tag können Sie Zahlen von 1 bis 31 und beim Monat solche von 1 bis 12 (oder Januar bis Dezember) zulassen. Auch das Jahr ist einfach zu besetzen. Kein Mensch wird älter als etwa 130, also können Sie z. B. die Jahre 1890 bis heute als Auswahl zulassen.

Hier ist es dem Besucher schon technisch nicht möglich, falsche Eingaben zu machen, deshalb kann man auf eine grosse Zahl von Prüfmechanismen verzichten. Auch für den Benutzer ist eine solche Form komfortabler, da er aufgrund der geringeren Anzahl Wahlmöglichkeiten mehr Sicherheit hat.

Es gibt verschiedene Bereiche bei einer Web-Applikation, wo **Sicherheitsprobleme** auftreten können. Falsche oder ungültige Benutzereingaben und Benutzereingaben, die **Steuerzeichen** enthalten, müssen Sie verhindern. Aber auch der **Missbrauch von Scripts,** z. B. zum Versenden von unerwünschten Massenwerbemails, ist oftmals möglich und muss blockiert werden.

Repetitionsfragen

53 Wieso kann das folgende Script auf einfache Art und Weise zum Versand von beliebigen Massenmails (Spam) missbraucht werden?

```
$empfaenger = $_POST["empfaenger"];
$text = $_POST[ "text"];
$betreff = $_POST["betreff"];
$absender = $_POST["absender"];

mail($empfaenger, $betreff, $text, "From: $absender");
```

54 Nennen Sie zwei Gründe, weshalb Sie keine Fehlermeldungen direkt anzeigen sollten.

55 Warum ist es nicht zu empfehlen, Benutzereingaben ungeprüft in ein Script zu übernehmen?

Teil D   Test und Dokumentation

Einleitung, Lernziele und Schlüsselbegriffe

Einleitung

Nachdem die Applikation so weit fertig gestellt ist, bleiben noch einige wichtige Dinge zu tun: Testen und Tests dokumentieren.

Sie haben bereits zu Beginn einen **Testplan** erstellt, den Sie nun durchführen müssen. In den folgenden Kapiteln werden Sie zudem erfahren, welchen weiteren Gefahren aus dem Internet eine Web-Applikation ausgesetzt ist und wie Sie testen können, ob Ihre Applikation dagegen gesichert ist.

Lernziele

	Lernziele	Lernschritte
☐	Sie können einen Testplan durchführen.	• Funktionalität testen und Fehler finden
☐	Sie wissen, welche Gefahren im Internet für eine Web-Applikation lauern und wie Sie diese entschärfen können.	• Sicherheit testen und verbessern
☐	Sie sind imstande, die Testdurchführung korrekt zu dokumentieren.	• Testergebnisse dokumentieren und kommentieren

Schlüsselbegriffe

Testarten, Testplan, Testfall, Debugging, Syntaxfehler, logischer Fehler, SQL-Injektion, Sniffing, SSL, Hashfunktion, Testbericht

11 Funktionalität testen und Fehler finden

11.1 Testplan durchführen

Um die Funktionalität Ihrer Applikation zu testen, setzen Sie den in der Entwurfsphase vorbereiteten **Testplan** ein. Dabei spielen Sie alle **Testfälle** durch, die Sie beschrieben haben, und halten die **Testresultate** detailliert fest.

Dazu können Sie beispielsweise das folgende **Raster für Fehlerprotokolle** verwenden:

Nr.	Testfall	Erwartetes Ergebnis
1.2	Titel («Nächste Woche Ferien») und Text eingeben («Die gesamte Verwaltung ist in der Woche vom 12. bis 16. März wegen Ferien nicht erreichbar.»), Button[1] «Hinzufügen» drücken.	Die Seite wird neu geladen. Der Eintrag wird in die Datenbank geschrieben und erscheint mit dem korrekten Datum und der Zeit zuoberst in der Liste.
	Ergebnis	**Bewertung**
	Die Reaktion entspricht dem erwarteten Ergebnis.	Testfall erfüllt.
	Massnahmen	
	Keine Massnahmen notwendig.	

[1] Englischer Begriff für: Knopf, hier: Schaltfläche.

[...]

Nr.	Testfall	Erwartetes Ergebnis
3.1	Log-in-Formular mit leeren Feldern absenden.	Eine JavaScript-Warnmeldung erscheint und weist auf den Fehler hin.
	Ergebnis	**Bewertung**
	Die Reaktion entspricht dem erwarteten Ergebnis.	Testfall erfüllt.
	Massnahmen	
	Keine Massnahmen notwendig.	

[...]

Nr.	Testfall	Erwartetes Ergebnis
4.2	Benutzer verändert Parameter ("?edit=23") in der URL bei der Benutzerverwaltung auf einen sehr hohen Wert und / oder auf Buchstaben.	Falls die entsprechende Nummer keinem Account zugeordnet werden kann, soll nichts passieren, d. h., die Seite wird einfach normal angezeigt.
	Ergebnis	**Bewertung**
	Eine Reihe von mysql-Fehlermeldungen wird am Beginn der Seite ausgegeben: «Kein entsprechender Datenbankeintrag vorhanden».	Dieser Parameter wurde nicht abgefangen, sondern einfach so direkt in einer Datenbankabfrage verwendet. Fehlerhafte Parameter führen deshalb zu Fehlern.
	Massnahmen	
	Die Datenbankabfrage muss so umgebaut werden, dass nur Werte abgefragt werden, wenn überhaupt ein entsprechender Eintrag vorhanden ist. Die Variable muss vor der Verwendung behandelt werden.	

[...]

Nachdem Sie alle vorbereiteten Testfälle durchgespielt und das Ergebnis festgehalten haben, besitzen Sie eine detaillierte Vorstellung davon, in welchen Situationen Ihre Applikation richtig reagiert und in welchen nicht.

Kritische Fehler müssen Sie sofort beheben bzw. dem Programmierer zurückmelden, damit er sie umgehend korrigieren kann. «Schönheitsfehler»[1] können bei Zeitdruck auch lediglich im Benutzerhandbuch dokumentiert werden.

Nachdem Sie das Script aufgrund des Fehlerprotokolls noch einmal überarbeitet haben, müssen Sie **sämtliche Tests noch einmal durchführen.** Der Grund liegt darin, dass die vorgenommenen Programmänderungen auch Einfluss auf andere Programmteile haben können.

Führen Sie mit Ihrer Applikation auch einen **Whitebox-Tests** durch, indem Sie versuchen, die Abläufe Ihrer Applikation gezielt anzusprechen und zu prüfen. Theoretisch sollte jeder einzelne Programmpfad einmal durchlaufen werden. In der Praxis ist dies aufgrund der Komplexität einer Applikation nur selten möglich. Also testet man zumindest die wichtigsten Programmfunktionen und nur stichprobenweise Unterfunktionen.

Hinweis

▷ Beachten Sie, dass der Programmentwickler die Tests aus Gründen der Befangenheit nach Möglichkeit **nicht** selber durchführen sollte.

11.2 Fehler suchen

PHP unterscheidet bei der Fehlersuche (auch: **Debugging**[2]) zwei Arten von fehlerhaftem Code:

- **Syntaktische Fehler:** Hierbei wurde lediglich ein Zeichen vergessen oder an die falsche Stelle geschrieben. In einem solchen Fall erscheint sofort eine Fehlermeldung.
- **Logische Fehler:** Hierbei werden zwar keine Fehler angezeigt, das Script funktioniert aber trotzdem nicht wie gewünscht.

Hinweis

▷ Auf sog. Laufzeitfehler, die bei unerlaubtem Speicherzugriff auftreten, wird im Rahmen dieses Lehrmittels nicht eingegangen, weil die hier vorgestellten Funktionen keinen direkten Speicherzugriff erlauben.

11.2.1 Syntaktische Fehler

Fehlermeldungen aufgrund falscher **Syntax**[3] sind sehr aufschlussreich. Sie besagen nicht nur, in welcher Zeile der Fehler liegt, sondern auch, worin der Fehler liegt. Wenn Sie sich

---

[1] Als Schönheitsfehler werden solche Fehler bezeichnet, die vom Benutzer zwar bemerkt werden, aber keinerlei Auswirkungen auf das korrekte Funktionieren der Applikation haben.

[2] Englisch für: Fehlersuche. Bug (engl. für: Käfer) ist eine Bezeichnung für Fehler in Computersystemen. Seinen Ursprung hat diese Bezeichnung in den 1950er-Jahren (vor der Zeit der integrierten Schaltung), als noch mit «zimmergrossen» Röhrencomputern und Relaisschaltungen gearbeitet wurde. Die dort verwendete Technologie war sehr empfindlich gegen jegliche Art von Störung. Bereits ein Käfer, der in ein Relais geriet, konnte den Schaltvorgang unterbrechen und einen kompletten Systemabsturz verursachen, was offenbar auch öfters geschah.

[3] Lateinisch für: Zusammenstellung, Anordnung. Hier steht «Syntax» für «Satzbau», d. h. die Art und Weise, Elemente zu Sätzen zusammenzustellen.

die Zeit nehmen und Fehlermeldungen genau lesen, wird es ein Leichtes sein, solche «Flüchtigkeitsfehler» zu finden.

Grundsätzlich ist also nur die Fehlermeldung zu analysieren, um den Fehler zu finden und zu tilgen. Es gibt allerdings Spezialfälle:

- Wenn Sie bestimmte **Gruppierungselemente** (wie z. B. die geschwungenen Klammern) vergessen, kann es vorkommen, dass der entsprechende Fehler erst zuunterst angezeigt wird, obwohl er in der Datei weiter oben zu suchen ist.
- Wenn Sie **Semikolons** vergessen, wird dieser Fehler grundsätzlich erst in der folgenden Zeile angezeigt.

Nachfolgend finden Sie fehlerhafte PHP-Codezeilen (nummeriert) und die entsprechenden Fehlermeldungen:

```
01 <html>
02 <?php
03 function addition($zahl1, $zahl2);
04 {
05     $resultat = $zahl1 + $zahl2;
06     return $resultat;
07 }
08 $res = addition(3, 9);
09 echo $res;
10 ?>
11 </html>
```

```
Parse error: parse error, unexpected ';', expecting '{' in d:\websites\modul_2-133\test.php
on line 3
```

Fehler: unerwartetes Satzzeichen ;. Eigentlich wird das Zeichen { erwartet. Hier hat man nach dem Aufruf der Funktionsdefinition und vor dem Funktionsinhalt am Ende der Zeile 3 versehentlich ein Semikolon gesetzt.

```
01 <html>
02 <?php
03 $file = fopen("log.txt", "a");
04 fputs("Neuer Kommentar<br>\n");
05 fclose($file);
06 ?>
07 </html>
```

```
Warning: Wrong parameter count for fputs() in d:\websites\modul_2-133\test.php on line 4
```

Warnung: falsche Anzahl von Parametern für die Funktion `fputs()`. Es fehlen hier offensichtlich noch Parameter bei der Funktion `fputs()`. Ein Blick in die Referenz, und schon ist das Problem gelöst: `fputs()` benötigt mindestens zwei Parameter.

```
01 <html>
02 <?php
03 $zahl = 345;
04 if($zahl > 2323)
05 {
06     echo "Zahl ist grösser als 2323";
07 }
08 else
09 {
10     echo "Zahl ist kleiner als 2323";
11 }
12 </html>
```

```
Parse error: parse error, unexpected '<' in d:\websites\modul_2-133\test.php on line 12
```

Fehler: unerwartetes Satzzeichen < zuunterst in der Datei. Das ist das HTML-Schlusstag, doch das gehört gar nicht mehr zum PHP-Code. Des Rätsels Lösung: Das PHP-Schlusstag wurde vergessen, und so meint PHP natürlich, das </HTML> sei auch noch PHP-Code.

11.2.2 Logische Fehler

Logische Fehler sind nicht so einfach zu entdecken und zu lokalisieren, weil sie von PHP nicht gemeldet werden können. Woher soll PHP z. B. wissen, dass Sie bei einer Berechnung anstatt des Pluszeichens irrtümlicherweise ein Minuszeichen geschrieben haben? Oft werden solche Fehler erst beim Testen der Applikation bemerkt.

Dennoch kann ein simpler Problemlösungsansatz bei der Fehlersuche behilflich sein: Sie brauchen nichts weiter zu tun, als den PHP-Code Schritt für Schritt bis zum letzten Stand zu **«dekonstruieren»**[1], als das Problem noch nicht auftrat. Wenn Sie nämlich wissen, wo der Fehler liegt, können Sie ihn relativ leicht beheben.

[11-1]   Prinzip der Dekonstruktion eines PHP-Codes

Funktionierender   Nicht mehr   Fehler ver-
Code   funktionierender   ursachender Code
                        Code

Nachfolgend ein paar **weitere Möglichkeiten,** um logische Fehler aufzufinden:

- Versuchen Sie, Variablen am Bildschirm auszugeben, die übermittelt werden sollen. So können Sie sehen, ob die Variablen überhaupt das beinhalten, was sie sollen.
- Vergleichen Sie die grobe Struktur des Codes anhand des Struktogramms. Liegt etwa schon dem Entwurf ein Überlegungsfehler zugrunde?
- Manchmal kann es helfen, Parameter am Bildschirm auszugeben, bevor sie übergeben oder sonst irgendwie weitergeleitet werden. Auf diese Weise können Sie sehen, was genau weitergeleitet wird.

[1] Lateinisch für: auseinandernehmen, rückgängig machen. Ein Programm dekonstruieren heisst, es zu vereinfachen, ihm sukzessive (üblicherweise für die Hauptfunktion unnötige) Programmteile wegzunehmen.

Man unterscheidet beim **Debugging** zwischen syntaktischen und logischen Fehlern.

Bei **syntaktischen Fehlern** gibt PHP eine genaue Fehlermeldung aus, die die Datei, die Zeilennummer und die Art des Fehlers beinhaltet. Damit lassen sich solche Fehler mit relativ kleinem Aufwand beseitigen.

Logische Fehler machen sich nicht so schnell bemerkbar. Die Web-Applikation funktioniert einfach nicht so, wie sie sollte. Bei solchen Fehlern bietet sich als Lösung die schrittweise **Dekonstruktion des PHP Script** an. Vorgenommene Änderungen werden dabei schrittweise rückgängig gemacht, bis wieder ein fehlerlos funktionierendes PHP Script vorliegt.

Repetitionsfragen

56   Übersetzen Sie folgende Fehlermeldungen und geben Sie eine kurze Einschätzung ab, was der Fehler sein könnte:

A]

```
Parse error: parse error, unexpected $ in test.php on line 10
```

B]

```
Warning: Wrong parameter count for substr() in test.php on line 4
```

57   Nennen Sie stichwortartig zwei Vorgehensweisen, die Sie bei logischen Programmfehlern befolgen können.

12 Sicherheit testen und verbessern

12.1 Sicherheit testen

Im letzten Kapitel testeten Sie mithilfe Ihrer Testcases aus der Konzeptionsphase die Web-Applikation durch. Mit diesen Testcases werden Benutzersituationen simuliert, die bei einem regulären (mehr oder weniger kreativen) Benutzer auftreten können.

Nun sind Web-Applikationen aber auch für Leute im ganzen Internet verfügbar und es gibt einige darunter, die sich durch eine Sicherheitsabfrage erst recht herausgefordert fühlen. Aus diesem Grund sollten auch Sie sich einmal in die Rolle einer solchen zwielichtigen Gestalt versetzen und ein wenig an der Grundfesten Ihrer Web-Applikation rütteln. Im Grunde gehören solche Securitytests eigentlich zu den normalen Testcases. In diesem Lehrmittel sind sie allerdings separat behandelt, um ihre Wichtigkeit hervorzustreichen.

12.1.1 Können Scripts von entfernten Systemen aufgerufen werden?

Eine beliebte Möglichkeit, fremde Scripts zu missbrauchen, ist der automatisierte Aufruf von einem entfernten Computer. Angenommen, Sie haben böse Absichten und möchten z. B. Ihre Werbebotschaft in der ganzen Welt verstreuen. Was wäre naheliegender, als mit einem Spider die Blogs im Internet abzugrasen um deren Daten zu erfassen. Die Eingabemaske eines Blogs sieht vielleicht so aus:

```
...
<form action="add_blog_entry.php" method="POST">
Name: <input type="text" name="name"><br />
Mail: <input type="text" name="email"><br />
Text: <input type="text" name="text"><br />
</form>
...
```

Ein Angreifer kennt nun die Zieldatei **add_blog_entry.php** sowie die Parameter «name», «email» und «text». Er kann von seinem eigenen System aus eine Masseneinfügung starten, die solche Blogs mit Werbebotschaften überflutet. Kann Ihr Blog einer solche Attacke widerstehen?

Der Blog ist natürlich ein harmloses Beispiel. Werbebotschaften sind einfach lästig und eine Verschärfung der Regeln, wann ein solcher Eintrag entgegengenommen werden soll, schafft meist Abhilfe. Was aber, wenn jemand die Log-in-Seite der VerwaltungsNews-Applikation für solche Spielchen auswählt? Betrachten wir doch einen Ausschnitt der Datei **login.html:**

```
...
<form name="formular" action="process_login.php" method="POST" onsub-
mit="return pruefen()">
    Name: <input type="text" name="name" /><br />
    Passwort: <input type="password" name="pass" /><br />
    <input type="submit" value="Absenden!">
</form>
...
```

Das Ziel **process_login.php** verlangt nach den beiden Parametern «name» und «pass». Von einem entfernten Server könnte nun jemand versuchen, per Brute-Force-Attacke eine gültige Benutzername-Passwort-Kombination zu erraten. Im Fall der Applikation «Verwaltungsnews» funktioniert diese Attacke nicht auf Anhieb, da der Referer des aufrufenden Script geprüft wird. Sehen Sie im Kapitel 10.2.3, S. 143 nach, wie das gemacht wird.

Nehmen Sie solche entfernten Aufrufe immer in Ihre Liste der Testfälle mit auf. Prüfen Sie stets alle Scripts, die Parameter entgegennehmen, auf diese Möglichkeiten.

12.1.2 Wirkt die SQL-Injection bei meinen Scripts?

Die Technik der **SQL-Injection** macht sich den Umstand zu Nutze, dass bei Konstrukten folgender Art nicht ausreichend unterschieden werden kann, was zum SQL-Code gehört und was ein eingesetzter Parameter ist:

```
$query = mysqli_query($db, "SELECT * FROM user WHERE
                        name = '$name' AND password = '$password'");
if(mysqli_num_rows($query)>0) {
  print("secret data");
}
```

Auf den ersten Blick ein normales Stück Code, das die geheime Information preisgibt, wenn es einen Eintrag in der Datenbank gibt, bei dem Benutzername und Passwort übereinstimmen. Doch stellen Sie sich vor, wie die Abfrage lautet, wenn Sie für die beiden Parameter folgende Werte setzen (das kann in einem Anmeldedialog bei Benutzername und Passwort problemlos eingegeben werden):

```
$name = "a' OR 'a' = 'a";
$password = "a' OR 'a' = 'a";
```

Die Abfrage würde dann lauten:

```
SELECT * FROM user WHERE name = 'a' OR 'a' = 'a' AND password = 'a' OR 'a' = 'a'
```

Und eine solche Abfrage ('a' = 'a') evaluiert stets auf wahr. Das heisst, diese Abfrage gibt immer alle vorhandenen Resultate der Tabelle aus. Die geheime Information wird also angezeigt, obwohl niemand das korrekte Benutzernamen-Passwort «Paar» eingegeben hat. Sie kommen solchen SQL-Injections bei, indem Sie die eingesetzten Variablen auf Sonderzeichen behandeln. Dies würde so aussehen:

```
$password_esc = mysqli_real_escape_string($password);
```

Führen Sie bei Softwaretests von Web-Applikationen der Sicherheit halber stets auch ein paar SQL-Injections durch.

12.1.3 Kann ich auf wichtige Textdateien auf dem Server zugreifen?

Nur wenn das Sicherheitskonzept durchdacht ist, sind die Daten wirklich sicher. Ein klassischer Fehler besteht darin, Konfigurationsdaten in Textdateien auf dem Server abzulegen. Da genügt ein simpler Aufruf im Browser

```
http://www.domain.tld/admin/config.txt
```

und das ganze schöne Konzept ist dahin:

```
#Konfiguration für Projekt xyz
#Database Name
db_name=a_database
#Database User
db_user=rolf_k
#Database Password
db_pass= abcde
#FTP User
ftp_user=rolf_k
...
```

Sie können dies verhindern, indem Sie die Konfigurationsdaten

- in einer PHP Datei ablegen (dann wird der Inhalt nämlich nicht angezeigt),
- ausserhalb des zugänglichen Bereichs auf dem Webserver-Dateisystem ablegen.

In Ihrer Applikation könnte die Konfigurationsdatei z. B. **config.inc.php** heissen. Sie ist nicht durch das Session-Management geschützt, man kann sie im Browser also ohne Probleme aufrufen:

```
.../admin/config.inc.php
```

Da aber in der Datei keinerlei Bildschirmausgabe getätigt wird, bleibt der Browser leer:

```

```

Hinweis

▷ Erstellen Sie bei Tests stets eine komplette Dateiliste des Projekts und probieren Sie, auf jede Datei einzeln manuell zuzugreifen.

12.2   Datensicherheit verbessern

Wollen Sie sichere Web-Applikationen schreiben, ist es nicht damit getan, dass Sie eine Seite mit einem Passwortschutz versehen. Sicherheit ist ein umfassendes Konzept, das von A bis Z durchdacht werden muss, weil eine Applikation nur immer so sicher sein kann wie das schwächste Glied in der Kette.

In Kapitel 4.4, S. 44 lernten Sie einige Kniffe kennen, um Sicherheitsprobleme zu lösen. Nachfolgend werden ein paar Aspekte aufgezeigt, um von Beginn an sichere Web-Applikationen zu konzipieren.

12.2.1   Wie verhindere ich, dass jemand mein Passwort abhört?

Eine Bank hat heutzutage extrem hohe Sicherheitsstandards. Das Geld wird in Kavernen mit meterdicken Betonwänden aufbewahrt und bei Bedarf in kleinen Behältern zu den Schaltern gefahren. Niemand kommt auf die Idee, hier einen Banküberfall zu starten. Viel einfacher ist es ja, den Geldtransporten aufzulauern, die manchmal sogar in normalen Personenwagen stattfinden.

Ähnlich verhält es sich auch mit Web-Applikationen: Doppelte Passwortsperren und Authentifizierungsmechanismen nützen alle nichts, wenn die Verbindung vom Client zum Server mit einfachsten Mitteln nach Passwörtern abgehört werden kann (**Sniffing**[1]**).

[1] Englisch für: schnüffeln.

[12-1]   Gefahr im Internet

Falls Sie eine Applikation schreiben möchten, die höhere Sicherheitsstandards hat, müssen Sie mit verschlüsselten Verbindungen arbeiten. Verbindungen werden mit **SSL** (Secure Socket Layer[1]) verschlüsselt. Wenn bei Ihnen die entsprechenden Module Ihres Webservers (bei Apache ist dies z. B. **mod_ssl** oder **apache-ssl**) installiert und konfiguriert vorliegen sowie ein Zertifikat installiert ist, verweist der Webserver verschlüsselte Anfragen je nach Konfiguration in ein separates Verzeichnis oder auch einfach in denselben Pfad wie bei einer unverschlüsselten Verbindung. Sie brauchen also Ihre Dateien, auf die nur verschlüsselt zugegriffen werden soll, lediglich in ein bestimmtes Verzeichnis zu kopieren und können dann bei Ihren Links statt «http://…» «https://…» voransetzen, um die Verschlüsselung zu starten.

Verweisen bei Ihrem Server sowohl die normale als auch die verschlüsselte Verbindung an dieselbe Stelle, kann es notwendig sein zu verhindern, dass jemand eine Seite mit einer nicht verschlüsselten Verbindung aufruft. Der folgende Codeabschnitt macht sich den Umstand zunutze, dass unverschlüsselte Verbindungen über den TCP-Port 80, verschlüsselte aber über den Port 443 laufen:

```
if($_SERVER["SERVER_PORT"] == 80)
{
 // Falls über Port 80 verbunden, umleiten
   header("Location: https://...");
}
```

12.2.2   Woher weiss ich, ob Dateien verändert wurden?

Eine naive Möglichkeit, um festzustellen, ob sich eine Datei verändert hat, ist, jedes einzelne Byte zwischen den Versionen zu vergleichen. Dies ist allerdings sehr aufwendig. Die Dateigrösse zweier Versionen zu vergleichen, ist hingegen schneller und weniger aufwendig, aber ungenau, denn es können sich Änderungen in der Datei ergeben haben, obwohl die Anzahl der Zeichen gleich geblieben ist.

Die Lösung dieses Problems stellen sog. **Hashfunktionen** dar, die für beliebige Daten einen relativ einzigartigen Code, den Hash, erzeugen. Mittels mathematischer Methoden wird so für unterschiedliche Dateien oder Zeichenfolgen auch ein unterschiedlicher Hash erzeugt, sodass man leicht feststellen kann, ob eine Datei oder ein String unverändert geblieben ist. Das folgende Beispiel zeigt zwei Funktionen, die mit verschiedenen Methoden einen Hash derselben Datei erzeugen:

[1]   Englisch für: sichere (Netzwerk)schicht für Verbindungsendpunkte.

```
// Erzeugen von Hashes einer Datei:
echo md5_file('rechnung.txt');
echo sha1_file('rechnung.txt');
```

Ausgabe zum Vergleich:

```
md5:   47f26e1baedc39e618bdae8c0380baf8
sha1: 3870fd2511070e814dc2f0151941c38fd21bdd3d
```

Hash zweier ähnlicher Strings (nur der letzte Buchstabe ist unterschiedlich):

```
echo md5("Bruttosozialprodukt");
echo md5("Bruttosozialprodukd");
```

Ausgabe zum Vergleich:

```
610c89694a92beddf4464bd63d2361c9
b4d13547c387bf16608f1c0cd37962d0
```

12.2.3   Wie finde ich heraus, ob der richtige Besucher hier ist?

Das Internetprotokoll ist verbindungslos, was bedeutet, die einzelnen Zugriffe geschehen unabhängig voneinander. Man kann allerdings Hinweise darauf erhalten, wer gerade auf eine Internetseite zugreift und wie er das tut. Für Sie interessant ist einerseits die **IP-Adresse**. Mit dieser können Besucher zumindest während eines Besuchs «verfolgt» und in gewissem Mass auch geografisch zugeordnet werden. Sie ist in PHP stets in folgendem Behälter gespeichert:

```
$_SERVER["REMOTE_ADDR"];
```

Die **Herkunft eines Besuchers** hingegen, also von wo eine Seite aufgerufen wurde, kann wichtig sein, wenn Sie mit einem Script Daten nur vom eigenen Server entgegennehmen möchten, beispielsweise bei einem Kontaktformular. In

```
$_SERVER["HTTP_REFERER"];
```

ist jeweils gespeichert, von wo das Script aufgerufen worden ist. Verwenden Sie diese Mittel, um den Zugriff auf Ihre Scripts einzuschränken. Denken Sie aber daran, dass man **IP** und **Referer** fälschen kann.

Eine Applikation ist immer nur so sicher wie der unsicherste Bestandteil. Sie haben erfahren, dass eine HTTP-Verbindung im Prinzip von jedermann abgehört werden kann, weshalb Sie **verschlüsselte Verbindungen** verwenden sollten, sobald es um die Übertragung von persönlichen oder anderen sensiblen Daten geht.

Falls Sie in Ihrer Applikation feststellen möchten, ob Daten (z. B. die einer Datei) seit einer letzten Kontrolle unverändert geblieben sind, können Sie dazu sog. **Hashfunktionen** (wie z. B. md5) verwenden. Diese produzieren einen eindeutigen Schlüssel, den Sie mit demjenigen der letzten Kontrolle vergleichen können.

Die **Herkunft** und die **IP-Adresse eines Besuchers** einer Web-Applikation lassen sich mit den Systemvariablen $_SERVER["HTTP_REFERER"] und $_SERVER["REMOTE_ADDR"] auslesen. Diese Variablen können verwendet werden, um den Zugriff von fremden Servern oder bestimmten Adressgruppen einzuschränken.

Repetitionsfragen

---

58   Wie können Sie in einem Script feststellen, ob ein Besucher die Seite über eine verschlüsselte Verbindung aufruft oder nicht (Webserver mit üblicher Konfiguration)?

---

59   Erläutern Sie in einem Satz, was der Nutzen sog. Hashfunktionen ist.

---

13 Testergebnisse dokumentieren und kommentieren

Nachdem Sie die Tests erfolgreich abgeschlossen haben, übernehmen Sie die **letzte komplette Testreihe** in die Dokumentation. Alle vorherigen Testreihen, die zu Veränderungen am Programm geführt haben, fliessen nicht in die Dokumentation ein.

Verfassen Sie zudem einen Bericht, worin Sie die Testreihe erläutern und allfällige verbleibende Fehler und Massnahmen besprechen. Mit diesem Bericht können Sie auch noch genauer auf bestimmte Testereignisse eingehen.

Inhalte des **Testberichts** sind also folgende Punkte:

* Erfüllt die Applikation die gewünschte Funktion?
* Welche Schlussfolgerungen ziehen Sie aus den Ergebnissen des Testplans?
* Welche Massnahmen sind zu treffen?

Der Testbericht zum News Client könnte etwa so aussehen:

«Die Applikation reagierte bei den Tests der regulären Nutzung wie erwartet. Ebenfalls keine Probleme ergaben sich bei den Tests der Varianten regulärer Nutzung. Zusammenfassend lässt sich sagen, dass jegliche Arten von Eingaben durch die Applikation korrekt verarbeitet wurden.

Bei einer unvorhergesehenen Bedienung in Form einer URL-Manipulation (vorsätzliches Verändern von Parametern, die in der Adresszeile erscheinen) kam es zu Fehlermeldungen der Datenbank. Aufgrund der Überlegung, dass ein Benutzer, der einen Parameter manipuliert, weiss, was er macht, werden hier keine einschneidenden Massnahmen getroffen. Es wurden aber trotzdem so weit wie möglich ‹JavaScript-Reload›-Anweisungen (lässt die Seite augenblicklich neu laden) platziert, sodass die Anzahl der Fälle, bei denen Parameter in der URL sichtbar bleiben, minimiert werden konnten. Die verbleibenden Fälle, bei denen die URL-Parameter angezeigt werden, sind Situationen, wo bei Manipulationen kein Datenverlust entstehen kann. Aus diesem Grund wird dieses Problem als gelöst betrachtet.

Weiter ergab sich ein Fehlverhalten, wenn anstelle der Schaltfläche ‹Eintrag hinzufügen› die [Enter]-Taste gedrückt wurde. Eine solche Eingabe wurde von der Applikation verworfen. Obwohl das Formular nur auf Enter reagiert, wenn man die Taste im oberen, einzeiligen Titelfeld drückt, handelt es sich um einen Fehler, der einen Datenverlust des Benutzers verursachen könnte. Aus diesem Grund wurde das Script geändert. Es reagiert nun auch in diesem Fall korrekt mit der Speicherung der Daten.»

Um die korrekte Funktion der Applikation sicherzustellen, testen Sie Ihr Produkt in dieser Phase auf Herz und Nieren. Sie gehen jede einzelne Testsituation des in der Planungsphase erstellten **Testplans** durch. Fehler korrigieren Sie sofort oder dokumentieren sie in Ausnahmefällen in der Dokumentation.

Sie bedienen sich dabei mehrerer **Testkategorien,** von den normalen Eingaben über Fehlbedienungen bis zur bewussten Fehlmanipulation. Da Sie kaum je sämtliche Möglichkeiten der Bedienung ausprobieren können, beschränken Sie sich dabei auf eine repräsentative Auswahl.

Ergebnis dieser Testreihe sind das **Testprotokoll** mit den einzelnen Testsituationen und -resultaten und ein selbst verfasster Testbericht.

Repetitionsfrage

60	Beschreiben Sie kurz die beiden Aufgaben, die Tests erfüllen müssen.

Teil E   Anhang

Gesamtzusammenfassung

Die Kapitel im **Teil A** haben Ihnen eine allgemeine Übersicht über das Web und Web-Applikationen gegeben und sind dabei auch einige technische Spezialitäten sowie Sicherheitsaspekte eingegangen.

Das HTTP-Protokoll besteht aus einfachen Anweisungen, die eine Kommunikation zwischen Client (Browser) und dem Webserver ermöglichen. Dies ist quasi die Muttersprache des Webs.

Der Webserver liefert statische, in Dateien vorliegende Information an den Browser. Sollen diese Informationen wie bei einer Web-Applikation dynamisch aufbereitet werden, muss der Webserver externe Programme zur Hilfe heranziehen. Hierbei kommuniziert der Webserver via die CGI-Schnittstelle mit dem externen Programm.

Nicht nur auf dem Webserver, im sog. Backend, kann ein Programm laufen und Daten aufbereiten, auch im Browser (oftmals als Frontend bezeichnet) kann Code abgearbeitet werden. Man spricht dann von clientseitigen Scripts, die zur Ausführung zuerst auf den Computer des Benutzers kopiert werden müssen.

Cookies bestehen aus einer einzigen Zeile Text, die über den Browser auf dem Computer des Besuchers einer Webseite abgelegt und gelesen oder gelöscht werden kann. Um Daten auf dem Computer des Besuchers zwischenzuspeichern, gibt es nur diese Möglichkeit. Cookies werden v. a. für personalisierte Dienste eingesetzt. Ein Benutzer, der z. B. eine Webseite seinen spezifischen Bedürfnissen anpasst, trifft immer wieder die gleichen Einstellungen an, wenn er diese Seite besucht. Dies geschieht zumindest so lange, bis er das betreffende Cookie löscht oder bis dieses von alleine abgelaufen ist. Die Lebensdauer eines Cookies lässt sich individuell definieren.

Cookies sind sicherheitstechnisch unbedenklich. Unter dem Aspekt des Datenschutzes besteht ein gewisses Risiko, da mithilfe von Cookies grundsätzlich festgestellt werden kann, ob jemand schon einmal eine Webseite besucht hat.

Eine Session ist ein Mechanismus, mit dem man Besuchern einer Webseite Variablen zuweisen kann, die während des ganzen Besuchs erhalten bleiben, auch wenn der Besucher zwischenzeitlich andere Sites besucht.

Für die Programmierung der Serversoftware und des Clients stehen verschiedene Entwicklungsumgebungen zur Verfügung. Auf dem Server wird in grossen Unternehmen meist die Sprache Java eingesetzt. Im privaten Bereich und für kleinere und mittelgrosse Projekte bietet sich PHP an. Clientprogramme werden heute fast ausschliesslich mit JavaScript erstellt. JavaScript und die modernen Versionen HTML5 und CSS3 arbeiten eng zusammen und erlauben es, ganze interaktive Anwendungen im Browser zur programmieren.

Bei den Entwicklungsumgebungen unterscheidet man zwischen integrierten Umgebungen, IDE und spezialisierten Texteditoren. Eine IDE umfasst nebst einem komfortablen Texteditor zum Schreiben der Programme auch Werkzeuge zur Fehlersuche und oftmals auch gleich eine integrierte Laufzeitumgebung zum Testen der Anwendung.

Sowohl für die Server- wie auch für die Clientprogrammierung stehen Frameworks zur Verfügung, die einerseits den Umgang mit der entsprechenden Programmiersprache und Laufzeitumgebung vereinfachen, andererseits stellen solche Frameworks auch ganze Funktionalitäten zur Verfügung, um die man sich dann nicht mehr selbst kümmern muss. Für PHP-Programme wird das Open Source Zend Framework oftmals eingesetzt, für JavaScript ist jQuery zurzeit das Mass aller Dinge.

Der Benutzer fordert vom Server eine HTML-Datei an, die ofmals Dateneingabeelemente hat. Nach dem Eingeben der Daten kann der Benutzer diese mittels eines Knopfs absenden. Der Browser übermittelt die Daten entweder mit der URL an den Server (bei einer GET-Anfrage) oder verpackt sie innerhalb der Anfrage selbst (bei einer POST-Anfrage). Das Programm auf dem Server hat Zugriff auf die übertragenen Daten und kann diese weiterverarbeiten. Sowohl der Client wie auch der Server müssen sicherstellen, dass keine ungültigen Daten übertragen werden. Auf dem Client kann das gut mit JavaScript gemacht werden.

Verschiedene Eingabeelemente stehen in HTML zur Verfügung: ein- und mehrzeilige Textfelder, Auswahllisten, Radioknöpfe und Checkboxen.

Der **Teil B** hat sich dann mit Analyse und Entwurf beschäftigt. In der Analysephase informieren Sie sich beim Zielpublikum (Auftraggeber) über Ihre genaue Aufgabe. Dies erreichen Sie beispielsweise zuverlässig mithilfe der «W-Fragen» (was, wann, wie? usw.). Anhand dieser Fragen ermitteln Sie, welches die genauen Anforderungen an die Web-Applikation sind und wie Sie diese erfüllen können.

Sie unterscheiden zwischen funktionalen und nichtfunktionalen Anforderungen. Bei den nichtfunktionalen Anforderungen müssen Sie Fragen zu Performance, Barrierefreiheit, Datenintegrität, Verfügbarkeit, Authentizität und Vertraulichkeit stellen.

Um bereits in dieser Phase die Sicherheitsaspekte zu berücksichtigen, spielen Sie in Gedanken verschiedene Benutzerszenarios durch, um möglichen Schwachpunkten auf die Spur zu kommen.

Ein wichtiger Punkt ist die Eingabevalidierung. Diese muss in jedem Fall auf dem Server gemacht werden, um ungültige Daten zu vermeiden, jedoch ist es für den Benutzer angenehm, wenn Sie die Validierung zusätzlich (nicht anstatt!) auch auf dem Client machen.

Als erste und wichtigste Stufe des Projekts haben Sie die Planungsphase kennengelernt. In dieser Phase ermitteln Sie sämtliche Informationen, die für die Durchführung des Projekts wichtig sind.

Als Resultat der Planung erstellen Sie das Realisierungskonzept, ein Dokument mit allen wichtigen Daten des Projekts. Auf Basis dieser Informationen können Sie auch bereits einen Zeitplan erstellen.

Das Realisierungskonzept umfasst normalerweise Angaben zum Projekt, Meilensteine des Projekts, präzise Eigenschaften der Applikation, Zielgruppendefinition, Rahmenbedingungen und eine Aufwandsabschätzung.

In einem zweiten Schritt entwerfen Sie Layoutmuster und Storyboard sowie ein erstes Modell der Datenbank. Ebenfalls überlegen Sie sich, wie die Applikation grundsätzlich aufgebaut und der Code strukturiert werden soll.

Tests planen Sie, bevor die Applikation erstellt wird. Dabei unterscheidet man verschiedene Testarten: Whitebox und Blackbox sowie konstruktive und destruktive Tests.

Ihr Testplan sollte Tests für die folgenden Bereiche beinhalten:

- Korrekte Eingaben
- Spezialfälle korrekter Eingaben
- Ungültige Eingaben
- Falsche Bedienung
- Usability

Zu jedem Testschritt notieren Sie die notwendigen Voraussetzungen, eine genaue Beschreibung der Durchführung sowie das erwartete Ergebnis.

Endlich geht es an die Realisierung der Applikation. Im **Teil C** haben Sie die Sprache PHP kennengelernt. Dabei geht es zuerst einmal darum, wie PHP-Code überhaupt aufgebaut ist und geschrieben werden soll.

Jede Datei beginnt mit dem Programmkopf (auch: Dateikopf, engl. Header). Dort sind alle wichtigen Informationen zum Projekt und zu dieser Datei aufgeführt.

Kommentare in den Dateien sind äusserst wichtig, wenn man das Script später nachvollziehen will oder wenn andere Personen sich damit auseinandersetzen müssen. Es lohnt sich, jede Anweisung bzw. jeden wichtigen Vorgang mit einem aussagekräftigen Kommentar zu versehen.

Um den Quellcode von einem automatischen Dokumentationssystem dokumentieren lassen zu können, ist es notwendig, dass die Kommentare in einem speziellen Format vorliegen und dass jedes Element mit einem solchen Kommentarblock versehen ist.

Damit Codeabschnitte besser wiederverwertet und leichter gewartet werden können, trennen Sie in einer Web-Applikation die Logik (also den eigentlichen Programmcode) von der Präsentation (dem HTML-Code).

Diese Trennung erreichen Sie durch Einsatz von Templates, also Vorlagen bzw. Schablonen. Sie fügen in einem solchen Template beispielsweise den HTML-Code und Platzhalter für Werte (Text, Daten, Bilder) ein und lassen die Platzhalter später von der Applikation durch die effektiven Werte ersetzen, die in der Seite angezeigt werden sollen.

Es gibt bereits einige grössere Projekte, die Template-Engines unter PHP realisieren. Ein bekannter Vertreter davon ist «Smarty».

PHP wird ganz einfach mit den PHP-Tags `<?php` und `?>` in HTML eingebunden. PHP-Anweisungen müssen wie in C oder Java durch ein Semikolon abgeschlossen werden. Sie sollten es vermeiden, mehr als eine Anweisung pro Zeile zu notieren, da sonst der Code (zumindest für Menschen) schlechter lesbar ist.

Variablen erkennen Sie in PHP anhand des vorangestellten Dollarzeichens. Je nach Daten können Variablen verschiedene Datentypen einnehmen, die unterschiedliche Eigenschaften aufweisen. Das geschieht automatisch; der Datentyp muss nicht vorher deklariert werden.

Arrays sind eine Art von Variablenverbund und umfassen mehrere zusammenhängende Daten, die in Form einer nummerierten Liste zusammengefasst sind.

Weiter haben Sie einiges über wichtige Kontrollstrukturen erfahren; Sie kennen nun die if-Verzweigung und auch die komplexeren Formen (elseif- und else-Verzweigung), die verwendet werden, um Teile des Codes in bestimmten Fällen zu überspringen. Zudem haben Sie die while- und die for-Schleife kennengelernt.

Funktionen werden eingesetzt, um mehrere Operationen zu einer einzigen zusammenzufassen und wiederverwerten zu können. Sie dienen also auch als organisatorisches Element. Variablen, die im Verlauf eines Script definiert werden, sind in einer Funktion nicht gültig. Um in einer Funktion Daten verwenden zu können, muss man sie als Parameter übergeben. Analog dazu muss der Output der Funktion als Rückgabewert aufgefangen werden.

Damit das Script überhaupt Eingaben von Benutzern erhalten kann, ist eine Parameter-übergabe von HTML-Seiten notwendig. Benutzereingaben werden entweder mit einem Formular oder über die URL erfasst und stehen im aufgerufenen Script direkt als Array zur Verfügung.

Bestimmte Werte, die sog. Systemvariablen, sind in PHP standardmässig vorhanden und können zu jedem Zeitpunkt abgerufen werden. Sie sind im reservierten Array `$_SERVER` gespeichert.

Das grösste Sicherheitsrisiko für Web-Applikationen sind Daten, die von ausserhalb in das Script gelangen, also Benutzereingaben (Parameter via URL) oder Daten, die von einer fremden Quelle (z. B. Textdatei) eingelesen werden. Diese können das falsche Format haben oder aber bewusst in einer schädlichen Form vorliegen, indem sie z. B. Steuerzei-chen beinhalten, die den Programmablauf stören können. Deshalb müssen solche Daten stets geprüft und nach Möglichkeit von schädlichen Elementen befreit oder zurückgewie-sen werden.

Bereits in der Planungsphase kann man die Weichen dafür stellen, dass die Applikation weniger anfällig für Angriffe oder Benutzerfehleingaben wird. Dies erreicht man u. a. durch möglichst wenig Wahlmöglichkeiten für den Benutzer in der Benutzeroberfläche.

Objekte werden zur Kapselung von Code eingesetzt und unterstützen stark die Wiederver-wertbarkeit von Codeabschnitten.

Im Gegensatz zu einfachen Variablen bestehen Arrays aus verschiedenen Elementen. Aus diesem Grund ist es notwendig, ein zusätzliches, internes Orientierungssystem bereitzu-stellen, um auf einzelne Elemente hinweisen zu können. Diese Rolle wird durch den Array-zeiger (auch: Pointer) übernommen. Diesen kann man sich wie einen Wegweiser vorstel-len, der immer auf das aktuelle Element des Arrays zeigt. Entsprechend vielfältig ist das Angebot an Funktionen, die den Pointer vor- oder zurückverschieben können. Zudem existieren viele Funktionen, die die Reihenfolge oder Anordnung einzelner Arrayelemente verändern können: Vorwärts sortieren, rückwärts sortieren, alphabetisch sortieren sind nur einige Aufgaben, die durch diese Funktionen erfüllt werden.

Wie alle modernen Programmiersprachen unterstützt auch PHP reguläre Ausdrücke. Hier-bei handelt es sich um ein Mustererkennungssystem, eine Art individuell gestaltbare Such-funktion. PHP stellt die üblichen Funktionen zur Verfügung, mit denen Sie nach bestimm-ten Suchmustern suchen und gefundene Suchmuster ersetzen oder zurückgeben können.

PHP stellt Funktionen zur Verfügung, mit denen Sie Dateien und Verzeichnisse manipulie-ren können.

Wenn Sie eine Datei bearbeiten möchten, müssen Sie diese zuerst mit der Funktion `fopen()` öffnen. Hierbei wird die betreffende Datei in den Speicher geschrieben. Der Rück-gabewert der Funktion, das Datei-Handle, beinhaltet die Speicheradresse der Datei und wird im weiteren Script eingesetzt, um auf die Datei zuzugreifen.

Nun stehen Ihnen zahlreiche Funktionen zur Verfügung, um die geöffnete Datei zu lesen, zu verändern, zu speichern oder zu löschen. Am Ende der Bearbeitung wird die Datei mit-hilfe der Funktion `fclose()` wieder geschlossen. So wird der Speicher, in dem die Datei abgelegt war, wieder freigegeben.

Für die Handhabung von Verzeichnissen stellt PHP die Klasse **Directory** zur Verfügung. Um ein Verzeichnis zu öffnen, erstellt man mit der Funktion `dir()` ein Objekt der Klasse **Directory** mit dem Verzeichnispfad als Parameter. Danach können Sie das betreffende

Verzeichnis mithilfe verschiedenster Funktionen bearbeiten. Am Ende wird die Instanz wieder zerstört, um den Speicher freizugeben.

Cookies werden mit der Funktion setcookie() gesetzt. Danach steht der Inhalt des Cookies auf allen Webseiten desselben Servers als Array zur Verfügung.

Beim Start einer Session wird ein Cookie gesetzt, an dem der Besucher identifizierbar ist. Dieses Cookie beinhaltet allerdings nur einen Identifikations-String, mit dem der Besucher vom Webserver erkannt werden kann. Sämtliche Daten, die mit diesem Besucher verknüpft werden, werden auf dem Server abgelegt und sind deshalb vor Manipulation geschützt. Sie können beim Programmieren einfach auf diese verknüpften Daten zugreifen; ähnlich den Systemvariablen oder Cookie-Daten stehen sie auf jeder Webseite als Array zur Verfügung, können also von jedem beliebigen Teil des Programms aus abgerufen werden.

PHP unterstützt eine Vielzahl gängiger Datenbanken nativ, d. h. von Haus aus mit speziell zugeschnittenen Funktionen. Weitere Datenbanken unterstützt PHP mittels ODBC-Schnittstelle.

Der Zugriff auf die Daten einer Datenbank erfolgt bei PHP grundsätzlich in folgenden Schritten:

- Schritt 1: Verbindung zur Datenbank herstellen
- Schritt 2: Daten mit SQL-Queries auswählen
- Schritt 3: ausgewählte Daten auslesen
- Schritt 4: Verbindung schliessen

Mit der Mailfunktion mail() ist es möglich, von einem korrekt konfigurierten Webserver aus E-Mails zu versenden. Diese Funktion kann z. B. eingesetzt werden, um ein automatisches Benachrichtigungssystem aufzubauen.

Zufallszahlen werden in PHP mit der Zufallsfunktion mt_rand() erzeugt.

Dateien (z. B. Bilder), die durch ein HTML-Formular hochgeladen werden (File-Upload), stehen in PHP im Array $_FILES zur Verfügung und können von dort aus weiterverarbeitet werden.

Es gibt verschiedene Bereiche bei einer Web-Applikation, wo Sicherheitsprobleme auftreten können. Falsche oder ungültige Benutzereingaben und Benutzereingaben, die Steuerzeichen enthalten, müssen Sie verhindern. Aber auch der Missbrauch von Scripts, z. B. zum Versenden von unerwünschten Massenwerbemails, ist oftmals möglich und muss blockiert werden.

Im **Teil D** haben Sie dann gelernt, wie Fehler in einer PHP-Applikation gesucht (und gefunden) werden können. Zudem haben Sie Tipps erhalten, wie Sie in Ihrem Code auf Probleme reagieren können.

Man unterscheidet beim Debugging zwischen syntaktischen und logischen Fehlern. Bei syntaktischen Fehlern gibt PHP eine genaue Fehlermeldung aus, die die Datei, die Zeilennummer und die Art des Fehlers beinhaltet. Damit lassen sich solche Fehler mit relativ kleinem Aufwand beseitigen. Logische Fehler machen sich nicht so schnell bemerkbar. Die Web-Applikation funktioniert einfach nicht so, wie sie sollte. Bei solchen Fehlern bietet sich als Lösung die schrittweise Dekonstruktion des PHP Script an. Vorgenommene Änderungen werden dabei schrittweise rückgängig gemacht, bis wieder ein fehlerlos funktionierendes PHP Script vorliegt.

Eine Applikation ist immer nur so sicher wie der unsicherste Bestandteil. Sie haben erfahren, dass eine HTTP-Verbindung im Prinzip von jedermann abgehört werden kann, weshalb Sie verschlüsselte Verbindungen verwenden sollten, sobald es um die Übertragung von persönlichen oder anderen sensiblen Daten geht.

Falls Sie in Ihrer Applikation feststellen möchten, ob Daten (z. B. die einer Datei) seit einer letzten Kontrolle unverändert geblieben sind, können Sie dazu sog. Hashfunktionen (wie z. B. `md5`) verwenden. Diese produzieren einen eindeutigen Schlüssel, den Sie mit demjenigen der letzten Kontrolle vergleichen können.

Die Herkunft und die IP-Adresse eines Besuchers einer Web-Applikation lassen sich mit den Systemvariablen `$_SERVER["HTTP_REFERER"]` und `$_SERVER["REMOTE_ADDR"]` auslesen. Diese Variablen können verwendet werden, um den Zugriff von fremden Servern oder bestimmten Adressgruppen einzuschränken.

Um die korrekte Funktion der Applikation sicherzustellen, testen Sie Ihr Produkt auf Herz und Nieren. Sie gehen jede einzelne Testsituation des in der Planungsphase erstellten Testplans durch. Fehler korrigieren Sie sofort oder dokumentieren sie in Ausnahmefällen in der Dokumentation.

Sie bedienen sich dabei mehrerer Testkategorien, von den normalen Eingaben über Fehlbedienungen bis zur bewussten Fehlmanipulation. Da Sie kaum je sämtliche Möglichkeiten der Bedienung ausprobieren können, beschränken Sie sich dabei auf eine repräsentative Auswahl.

Ergebnis dieser Testreihe sind das Testprotokoll mit den einzelnen Testsituationen und -resultaten und ein selbst verfasster Testbericht.

Glossar

A

Account

Benutzerkonto auf einem Softwaresystem.

Anforderungs-dokument

Strategisches Projektdokument, das alle Daten des Projekts beinhaltet, insbesondere die geforderten Eigenschaften der zu erstellenden Software.

Applikation

Engl. für: Anwendung, Computerprogramm.

Array

Sequenzielle Anordnung von Datenelementen, Aneinanderreihung von Variablen.

→ Variable

ASCII

Abk. für: American Standard Code for Information Interchange.

Älterer Standard für die Zeichendarstellung mit maximal 256 möglichen darstellbaren Zeichen, da 8-bit-codiert.

B

Backend

→ Webserver

Blackbox-Test

Test ohne Kenntnis der inneren Struktur der Software.

→ Whitebox-Test

Briefing

Engl. für: Anweisung, Sitzung zur Anweisung / Information eines Projektteams.

Browser

Software zur Darstellung von Internetseiten.

Bug

Engl. für: Käfer, Fehler in einem Computersystem, hard- oder softwareseitig.

C

CGI

Abk. für: Common Gateway Interface, etwa «Allgemeine Übertragungs-Schnittstelle».

Schnittstelle, die dem Webserver ermöglicht, Programme aufzurufen.

→ Webserver

Client

Engl. für: Kunde.

Bezeichnung für einen Computer / Benutzer, der Dienstleistungen eines Servers in Anspruch nimmt resp. auf einen Server zugreift.

→ Server

Clientseitig

Anwendungen, die nur auf dem Client ablaufen. Dazu müssen sie häufig zuerst von einem Server heruntergeladen werden.

→ Client → Server → Serverseitig

CMS

→ Content Management System

Content Manage-ment System

Engl. für: Inhalts-Verwaltungs-System.

Bezeichnung für Applikationen oder Systeme, mit deren Hilfe Informationen gesammelt, aufbereitet und automatisch dargestellt werden können. CMS werden meist eingesetzt, um grössere Internetseiten ohne allzu grossen Aufwand unterhalten zu können.

Cookie	Engl. für: Keks.
	Informationseinheit (Text), die von einem Server auf einem Client platziert und später wieder gelesen werden kann.

D

Datentyp	Beschreibt die Art von Daten (numerisch, Text, Fliesskommazahl etc.).
Document-Root	Engl. für: Dokument-Wurzel.
	Oberstes Verzeichnis der Dateihierarchie auf einem Webserver, das für Besucher zugänglich ist.

E

ERD	Entity Relationship Diagram, grafische Darstellung des → ERM
ERM	Abk. für: Entity Relationship Model, Entitäten-Beziehungsmodell, etwa Modell von Beziehungen zwischen Objekten.
	Verbreitete Art der Darstellung von Strukturen relationaler Datenbanken.
	Entity Relationship Model, die allgemeine Modellvorstellung, wie verschiedene Datenstrukturen zusammenhängen.

F

FAQ	Abk. für: Frequently Asked Questions, häufig gestellte Fragen.
	Ort, an dem Fragen beantwortet sind, die immer wieder gestellt werden. Ursprünglich in Newsgroups entstanden ist das FAQ heute auch auf normalen Webseiten und sogar in gedruckten Medien zu finden.
	→ Newsgroup
Flash	Eine Technologie, die zum Erstellen von Animation im Web verwendet worden ist. Ist auf modernen Smartphones nicht einsetzbar und technologisch durch HTML5 und CSS3 in Kombination mit → JavaScript überholt.
Framework	Ein Verbund von Klassen, Objekten und Ressourcen, die zusammen weitgehende wiederverwendbare Funktionalitäten realisieren.
Frontend	→ Webserver
Funktion	In sich abgeschlossener Programmteil, der von anderen Programmen verwendet werden kann.

H

Handle	Engl. für: Handgriff.
	Anstelle von ganzen Dateien arbeitet man beim Programmieren nur mit den Adressen, wo sie im Speicher zu finden sind. Eine solche Adresse wird Handle genannt. Das Funktionsprinzip ist vergleichbar mit dem des Zeigers.
	→ Zeiger

HTML	Abk. für: Hypertext Markup Language.
	Auszeichnungssprache für die Darstellung von Inhalten im Internet.
HTTP	Abk. für: Hypertext Transfer Protocol.
	Protokoll, das die Kommunikation auf dem Web zwischen Client und Server regelt.

I

Interaktion	Gegenseitige Handlung zweier Dialogpartner. Im Zusammenhang mit dem Internet wird damit die Eigenschaft von Internetseiten bezeichnet, die auf Eingaben vom Benutzer reagieren können.
Interface	Schnittstelle, die dem Benutzer die Bedienung eines Systems ermöglicht.
IP-Adresse	Abk. für: Internet-Protokoll-Adresse.
	Eindeutige Identifikationsnummer, die jedem Netzwerkteilnehmer zugewiesen wird.
ISP	Abk. für: Internet Service Provider.
	Dienstleister, der Internet-Dienste wie z. B. Netzzugang anbietet.

J

Java Applet	Eine auf Java basierende mächtige Technologie, um fast beliebige Applikationen komplett im Browser laufen zu lassen. Ist sehr resourcehungrig und auf modernen → Smartphones nicht einsetzbar. Java wird v. a. zur Programmierung von Serverapplikationen eingesetzt.
JavaScript	Eine objektorientierte → Scriptsprache, die von jedem modernen Browser abgearbeitet werden kann. Wird immer mehr eingesetzt und ist sehr mächtig.
jQuery, jQueryUI, jQueryMobile	Moderne → JavaScript-Bibliotheken, die einerseits die Sprache JavaScript besser handhabbar machen und auf der andern Seite viele Funktionalitäten zur Verfügung stellen.

K

Kernel	Kern eines Betriebssystems, einer Systemsoftware, erfüllt die grundlegendsten Aufgaben.
Kompilieren	Programmcode zu einem selbstständig ausführbaren Programm übersetzen.
Konvention	Regel, Übereinkunft.

L

| **Layout** | Grundsätzliche Darstellung einer Seite. Beschreibt die Platzaufteilung und allgemeine Elemente wie Kopf-, Navigations- und Inhaltsbereiche einer Seite. |

M

| **MD5** | Algorithmus, der eine verschlüsselte Quersumme eines Texts berechnet. |

N

| **Newsgroup** | Diskussionsgruppe im Internet. |

O

Output Engl. für: Ausgabe.

Alles, was der Computer ausgibt, hier meist, was am Bildschirm ausgegeben wird.

P

Parameter Werte, die an eine Funktion übergeben werden können, um deren Verhalten zu bestimmen / zu ändern.

PHP Abk. für: PHP: Hypertext Preprocessor.

phpDoc Standard zum Kommentieren von PHP-Code. Die Kommentare können dann automatisch zur einer Dokumentation zusammengestellt werden.

Pointer → Zeiger

Q

Query Engl. für: Frage.

Datenbankabfrage.

S

Schleife Eine Konstruktion, mit der ein Stück Programmcode mehrmals ausgeführt werden kann.

Script Programmcode von Scriptsprachen.

→ Scriptsprache

Scriptsprache Programmiersprache mit Code, der nicht einmal kompiliert wird und dann ein ausführbares Programm ist, sondern von einem Interpreter bei jedem Aufruf neu übersetzt wird.

→ Kompilieren

Screenflow Beschreibt den Navigationsablauf zwischen verschiedenen Bildschirmen / Fenstern. Beantwortet die Frage: Wie kommt der Benutzer von hier nach da?

Semikolon Strichpunkt.

Server Engl. für: Bediener.

Computer, der Dienstleistungen (z. B. das Anzeigen von Internetseiten) bereitstellt und auf den man üblicherweise über ein Netzwerk zugreifen kann.

Serverseitig Anwendungen, die auf einem Server laufen und nur den Output an den Client zurückliefern.

→ Client → Server → Serverseitig

Session Besteht, solange ein Client auf einem Server anwesend ist.

Smartphone Mobiltelefon mit grafischer Benutzeroberfläche, eignet sich u. a. zur Anzeige von Webseiten.

SMTP Abk. für: Simple Mail Transfer Protocol.

Protokoll, das zum Versenden eines E-Mails eingesetzt wird.

SQL	Abk. für: Structured Query Language.
	Eine Art einfache Programmiersprache, die zur Steuerung von Datenbanken eingesetzt wird.
SSL	Abk. für Secure Socket Layer, Verschlüsselungstechnik für geschützte Kommunikation zwischen Webbrowser und Webserver.
Storyboard	Drehbuch, beschreibt einen Ablauf innerhalb der Benutzeroberfläche.
String	Anordnung von Textzeichen.
Struktogramm	Grafische Darstellungsform, die den Programmcode widerspiegelt. Grafische Darstellung des Aufbaus von Code.
Syntax	Satzbau, korrekter Einsatz von Steuerzeichen bei einer Programmiersprache.
Syntax-Highlighting	Funktion eines Texteditors, die verschiedene Teile des Codes verschieden einfärbt. Die einzelnen Elemente lassen sich so leichter erkennen.

T

Template	Vorlage, Schablone.
Testplan	Setzt sich zusammen aus einzelnen → Testschritten
Testschritt	Beschreibt einen Testvorgang. Beinhaltet Voraussetzungen, Beschreibung der Durchführung und erwartetes Ergebnis.
Timestamp	Engl. für: Zeitstempel.
	In PHP die Zeitspanne seit dem 1. Januar 1970 in Sekunden.
	(In MySQL ist der Timestamp ein Feldtyp, der sich bei jeder Veränderung der Tabelle auf die aktuelle Zeit stellt.)

U

Underscore	Unterstrich «_».
URL	Abk. für: Uniform Resource Locator.
	Internetadresse bzw. genaue Adresse einer Ressource im Internet.

V

Variable	Wert in einem Programm, der während des Programmablaufs verändert wird.
Void	Engl. für: Lücke.
	Schlüsselwort, das einen leeren Rückgabewert kennzeichnet.

W

Webserver	Server, der Internetseiten bereitstellt.
	→ Server

| **Whitebox-Test** | Test unter Berücksichtigung der inneren Struktur der Software. |
| | → Blackbox-Test |

Z

| **Zeiger** | Variable, die eine Adresse enthält. |

Antworten zu den Repetitionsfragen

1 Seite 23

Dynamische Webseiten können je nach Benutzereingabe oder Ereignis andere Inhalte generieren. Statische Webseiten sind immer gleich, da sie lediglich in der vorliegenden Form abgerufen werden können.

2 Seite 23

Der Webserver erhält eine Anfrage nach einer dynamischen Seite und startet über das CGI-Programm das Script oder Programm, das die gesuchte Seite entsprechend den vorgegebenen Bedingungen erzeugt. Diese Seite wird vom CGI-Programm an den Webserver zurückgegeben, der die Seite wiederum an den Benutzer zurückliefert und ihm anzeigt.

3 Seite 23

Das Cookie ist ein Datenpaket bestehend aus Name, Inhalt und Ablaufdatum, das auf dem Computer des Besuchers einer Webseite abgelegt wird.

4 Seite 23

Da das Cookie unverschlüsselt beim Besucher abgelegt wird, kann es problemlos eingesehen und auch relativ einfach bearbeitet werden.

5 Seite 23

Weil bei den Sessions nur eine Identifikationsnummer beim Besucher gespeichert wird und nicht die Daten selber. Diese liegen auf dem Webserver.

6 Seite 23

Es bieten sich alle Anwendungen an, bei denen man darauf angewiesen ist, die Anwesenheit des Besuchers lückenlos zu dokumentieren (Beispiele: virtuelle Shops, in denen man mit einem Warenkorb einkaufen kann, geschützte Bereiche [Extranets], Telebanking etc.).

7 Seite 32

Ein Framework realisiert eine mehr oder weniger komplexe Funktionalität im Zusammenspiel mit Frameworkobjekten und Objekten der eigenen Applikation. Die Art und Weise der Lösung und des Zusammenspiels kann ganz unterschiedlich ausfallen. Der Entwickler des Frameworks hat hierzu seine Ideen entworfen und implementiert. Als Anwender eines Frameworks muss man sich mit diesen Ideen, eben der Philosophie des Frameworks, auseinandersetzen, um das Framework korrekt und optimal einsetzen zu können.

8 Seite 32

IDE steht für Integrierte Entwicklungsumgebung. Sie umfasst normalerweise einen Texteditor, Werkzeuge zur Fehlersuche und oftmals auch gleich eine Laufzeitumgebung.

9 Seite 32

- jQuery, Erweiterung der Sprache JavaScript. Macht die Sprache sinnvoll nutzbar und stellt mächtige Hiflskonstruktionen zur Verfügung
- jQueryUI, baut auf jQuery auf und bietet viele Funktionen und komplette Vorlagen für das Erstellen von komplexen Benutzerschnittstellen
- jQueryMobile, baut auf jQuery auf und dient zum Erstellen von Benutzerschnittstellen für Mobilgeräte

10 Seite 32

Beide Werkzeuge haben zwar einen sehr grossen Funktionsumfang, leiden aber unter ebenso grossem Ressourcenbedarf. Gerade mobile Geräte wie Smartphones oder Tabletcomputer können die notwendige Leistung nicht oder nur bedingt erbringen (hoher Stromverbrauch, grosser Speicherbedarf, grosse CPU-Leistung). Zudem sind beide Technologien gerade wegen ihrer Mächtigkeit anfällig für Sicherheitsprobleme.

11 Seite 38

Vermutlich wird eine Suche in einer Datenbank ausgelöst. Es werden zwei Werte an den Server übermittelt: Die Automarke ist «VW» und das Modell «Golf». Es soll also nach dem Modell Golf der Marke VW gesucht werden. Zudem handelt es sich hier um eine GET-Anfrage.

12 Seite 38

JavaScript, eventuell unter Verwendung eines JavaScript Framework wie jQuery oder anderen.

13 Seite 38

Da URLs nach ca. 2 000 Zeichen «abgeklemmt» werden, können Teile des Inhalts verloren gehen.

14 Seite 38

Die URL muss wie folgt lauten: `adresse.php?name=Hans&alter=28`

15 Seite 48

Dies geht z. B. durch die bekannten W-Fragen: Was muss die Applikation für Aufgaben erfüllen? Wann muss …?

16 Seite 48

Vertraulichkeit garantiert, dass (übertragene) Daten nicht in falsche Hände geraten. Authentizität stellt sicher, dass die Kommunikationspartner wissen, wer der andere ist.

17 Seite 48

Auf dem Client, um für den Benutzer die Arbeit angenehmer zu gestalten, auf dem Server, weil die Datenvalidierung auf dem Client manipuliert oder umgangen werden kann.

18 Seite 59

Das Realisierungskonzept soll alle Informationen beinhalten, die für die Erstellung der Applikation wichtig sind. Das heisst, Sie müssen später nur noch im Realisierungskonzept nachschlagen, wenn Sie Zweifel über eine bestimmte Spezifikation haben. Weiter dienen die im Realisierungskonzept genannten Eigenschaften als Grundlage für spätere Tests.

19 Seite 59

Im Realisierungskonzept sollten alle Informationen festgehalten werden, die notwendig sind, um die Applikation zu erstellen. Folgende Gliederung eignet sich dazu:

- Allgemeine Projektangaben
- Meilensteine des Projekts (Termine)
- Eigenschaften der Applikation
- Zielgruppendefinition
- Rahmenbedingungen
- Aufwandsabschätzung

20 Seite 59

Wenn Sie die Zeit, die Sie für die einzelnen Projektphasen effektiv benötigen, erfassen und eintragen, können Sie am Schluss des Projekts erkennen, wo der Zeitplan massiv abweicht. Dieser Soll-Ist-Vergleich bietet wertvolle Ansatzpunkte für die verbesserte Planung ähnlicher Projekte.

21 Seite 62

Bei einem Blackbox-Test wird die Applikation als schwarzer, undurchsichtiger Kasten angesehen. Es interessiert den Tester nicht, was in diesem Kasten vor sich geht, folglich wird ausschliesslich die Funktionalität der Software getestet.

Bei einem Whitebox-Test stellt man sich die Applikation als durchsichtigen Kasten vor, bei dem man jede einzelne Funktion und den kompletten Code einsehen kann. Hier versucht der Tester, die einzelnen Programmteile und Funktionen gezielt anzusprechen, um Fehler zu erkennen.

22 Seite 62

Eingabe verlangt Wert zwischen 0 und 100 → Test mit den Randwerten. Werden diese noch korrekt im gültigen Bereich akzeptiert? Eingabe einer Zahl zwischen −100 und +100 → Test mit 0, da dieser Wert in der Programmierung an verschiedenen Stellen eine spezielle Bedeutung hat und daher die Verarbeitung anders ausfallen kann als vorgesehen.

23 Seite 79

Damit alle Personen, die mit diesen Dateien arbeiten müssen, sich innert nützlicher Frist über die Funktion der Datei und deren Entwicklung (Versions-History) informieren können. Falls Probleme mit der Applikation auftauchen sollten, ist es zudem von Vorteil, wenn bekannt ist, wer die Datei verfasst bzw. zuletzt geändert hat.

24 Seite 79

Die Kommentare sollen in einer Datei den Code erläutern. Der Nutzen besteht darin, dass Sie bestimmte Teile Ihres Script schneller wiederfinden können und fremde Personen, die sich mit dem Code auseinandersetzen müssen, die Möglichkeit haben, Ihren Überlegungen (und schliesslich dem Code) zu folgen.

25 Seite 79

Der Code bleibt einfacher wartbar und ist besser wiederverwertbar.

26 Seite 79

Eine Vorlage, die das Ausgabeformat festlegt. Meist sind darin Platzhalter vorhanden, die vom Interpreter dann durch entsprechende Werte ersetzt werden.

27 Seite 79

Er liest ein Template und ersetzt aktive Elemente oder Platzhalter mit den entsprechenden Daten.

28 Seite 106

Damit der Code übersichtlicher wird und für sich selber und andere Personen einfacher zu lesen ist (z. B. für die Fehlersuche).

29 Seite 106

```
$wert1 = 245;                    //integer
$wert2 = "Hallo Leute";          //string
$wert3 = -23;                    //integer
$wert4 = 0;                      //integer
$wert5 = 12.05;                  //float
$wert6 = true;                   //boolean
$wert7 = "1021";                 //string (da in Anführungszeichen)
```

30 Seite 106

Funktion	Aufgabe
pdf_set_word_spacing()	Setzt in einer PDF-Datei den Wortabstand
Xml_get_current_line_number()	Ermittelt die Zeilennummer in einer XML-Datei
Shell_exec()	Führt in der Shell (Konsole) einen Befehl aus
is_infinite()	Prüft, ob ein Wert unendlich ist

31 Seite 106

Das Element vor dem Funktionsnamen gibt an, welchen Datentyp der Rückgabewert der Funktion hat.

32 Seite 106

```
0 2 4 6 8 10 12 14 16 18 20
```

33 Seite 106

Die Anweisung `return`

- legt den Rückgabewert fest.
- beendet die Funktion sofort.

34 Seite 106

Man kann die Daten entweder als Parameter übergeben oder eine Variable als global definieren.

35 Seite 106

Sie werden immer mindestens einmal abgearbeitet.

36 Seite 106

```
127.0.0.1
```

37 Seite 106

Systemvariablen sind zu jedem Zeitpunkt vorhanden und müssen vom Benutzer nicht zuerst definiert werden.

38 Seite 106

Man kann die Objektvariable als «private» oder «protected» kennzeichnen.

39 Seite 135

Man rechnet beide Termine in den Timestamp um und subtrahiert den früheren vom späteren Termin. Als Resultat erhält man die zeitliche Differenz in Sekunden. Diese Differenz lässt sich danach beliebig weiter umrechnen.

40 Seite 135

```
"Er wird dort "mercredi"* genannt"
```

(*) Je nach Wochentag.

41 Seite 135

Wird an verschiedenen Orten einer Applikation derselbe Code benötigt, kann dieser ausgelagert werden. Er wird also an einem separaten Ort gespeichert und jeweils bei Gebrauch in die entsprechende Datei eingeblendet. Ergeben sich an diesem Codestück nun Änderungen, müssen Sie diese nur einmal durchführen und nicht an jedem Ort, wo er eingeblendet wird. Der Hauptnutzen liegt also in einer wesentlichen Arbeitserleichterung.

42 Seite 135

Sie geben beim Schlüssel `SMTP` entweder den Mailserver Ihres Internet-Providers an oder den Pfad zu einem lokalen Mailprogramm.

43 Seite 135

Nur solange der Besucher den Browser geöffnet hat.

44 Seite 135

Entweder beim Schliessen des Browsers oder wenn man eine bestimmte Zeit lang nichts mehr gemacht hat, also keine Seite gewechselt hat.

45 Seite 135

Mögliche Einsatzgebiete:

- Herausfinden, ob eine E-Mail-Adresse formal gültig ist
- Auswerten von Formularen, in denen Daten unterschiedlich eingegeben werden können
- Grossgeschriebene Wörter eines Texts ersetzen
- Zahlen ersetzen

46 Seite 135

```
$muster1 = "12{2,4}";
$string1 = "Er sah 122222 Autos";
// Ja                 ^^^^^^

$muster2 = "(Herr|Frau) Doktor";
$string2 = "Guten Tag Herr Doktor";
// Ja                 ^^^^^^^^^^^

$muster3 = "([A-Z]{1}[a-z]{4,})";
$string3 = "Gestern waren sie noch in Bassersdorf.";
// Ja        ^^^^^^^              ^^^^^^^^^^^

$muster4 = "[A-Za-z]{10,12}";
$string4 = "Herrgott, Karin, es liegen mehr als 39 Äpfel herum";
// Nein, es waren Wörter mit zehn bis zwölf Buchstaben gesucht.
```

47 Seite 135

Ein Datei-Handle kann mit einem Wegweiser verglichen werden, der eine Funktion zur richtigen Speicheradresse leitet, an der die entsprechende Datei abgelegt ist.

48 Seite 135

Das bedeutet, dass der Besitzer des Verzeichnisses dieses lesen, beschreiben und ausführen darf. Gruppenmitglieder und fremde Benutzer dürfen das Verzeichnis nur lesen.

49 Seite 135

Für jegliche Art der Datenspeicherung. Unumgänglich ist der Einsatz einer Datenbank dann, wenn es sich um besonders grosse oder komplexe (vielfältige oder stark miteinander verknüpfte) Daten handelt.

50 Seite 135

Der Zugriff von PHP auf die Daten einer Datenbank erfolgt in diesen Schritten:

1. Verbindungsaufnahme mit der Datenbank
2. Senden des Query Strings an die Datenbank (gewünschte Daten auswählen)
3. Ausgewählte Daten auslesen (und weiterverarbeiten)
4. Verbindung zur Datenbank schliessen

51 Seite 136

Die Variable `$abfrage` beinhaltet nicht das Resultat der Abfrage, sondern nur die Speicheradresse, ist also ein Zeiger. Darum erscheinen als Ausgabe auch nicht die gewünschten Daten, sondern die nur für PHP aufschlussreiche Kennung dieses Zeigers.

52 Seite 136

Die Query lautet wie folgt: `SELECT * FROM telefonliste WHERE vorname = 'Rolf'`

53 Seite 146

Jeder kann irgendwo ein Formular erstellen und die notwendigen Daten automatisiert an das Script übermitteln. Das Script macht keinerlei Prüfung, ob der Benutzer berechtigt ist, ein Mail an «irgendwen» zu versenden.

54 Seite 146

1) Technische Fehlermeldungen sind für die meisten Benutzer unverständlich und verwirrend. 2) Technische Fehlermeldungen können einem Angreifer wertvolle Informationen über die Programmier- und Serverumgebung vermitteln, die dieser dann für einen Exploit ausnutzen kann.

55 Seite 146

Benutzereingaben können Steuerzeichen beinhalten oder in der falschen Form vorliegen, was den Programmablauf stören oder unterbrechen könnte.

56 Seite 153

A] Ein syntaktischer Fehler, bei dem ein unerwartetes Dollarzeichen aufgetreten ist. Vermutlich hat man ein Dollarzeichen zu viel eingegeben.

B] Eine falsche Anzahl von Parametern ist aufgetreten. Die verwendete Funktion `substr()` scheint eine andere Anzahl Parameter zu erwarten.

57 Seite 153

- Neue oder geänderte Programmteile entfernen, bis Programm wunschgemäss reagiert
- An kritischen Programmstellen (z. B. nach einem Seitenwechsel) Variablen zur Kontrolle am Bildschirm ausgeben

58 Seite 159

Die «normale» Verbindung (Dienst: HTTP) läuft auf Port 80, die verschlüsselte (Dienst: HTTPS) auf Port 443.

59 Seite 159

Hashfunktionen reduzieren grosse Datenmengen auf relativ kurze, eindeutige Datensequenzen. Dadurch kann man auf einfache Art prüfen, ob sich Daten geändert haben.

60 Seite 161

Die Tests erfüllen folgende Aufgaben:

- **Prüfung der Applikation:** Sie decken Fehler auf, die Sie beim Programmieren übersehen haben. So wird die Funktionstüchtigkeit sichergestellt.
- **Beweis der Funktionstüchtigkeit:** Sie können dem Auftraggeber mit dem Testprotokoll beweisen, dass Sie die Applikation seinen Anforderungen gemäss programmiert haben und dass alles wunschgemäss funktioniert.

Stichwortverzeichnis